ST. ATHANASIUS

ON

THE INCARNATION.

EDITED

FOR THE USE OF STUDENTS,

WITH

A BRIEF INTRODUCTION AND NOTES

BY

ARCHIBALD ROBERTSON,
FELLOW OF TRINITY COLLEGE, OXFORD

"UT IN NOMINE JESU OMNE GENU FLECTATUR

WIPF & STOCK · Eugene, Oregon

Wipf and Stock Publishers
199 W 8th Ave, Suite 3
Eugene, OR 97401

On the Incarnation
Edited for the Use of Students with a Brief Introduction and Notes
By Archbishop of Alexandria, Athanasius
and Robertson, Archibald
Softcover ISBN-13: 978-1-6667-3571-0
Hardcover ISBN-13: 978-1-6667-9308-6
eBook ISBN-13: 978-1-6667-9309-3
Publication date 10/12/2021
Previously published by David Nutt, 1882

This edition is a scanned facsimile of
the original edition published in 1882.

PREFACE.

It is strange that a work so important as the *de Incarnatione* should so seldom have been separately printed It is believed that the following edition is the first, or nearly the first, of the kind in England.

It was contained in the *Analecta Christiana* published at Oxford (Parker) in 1844, with some Latin notes by Mr. Marriott, and it was reprinted from that volume in 1880, with an English translation, scarcely of sufficient exactness for the guidance of students.

The present edition is an attempt to furnish the theological student with the text of the work, with a minimum of notes. The few that there are aim chiefly at giving a clue to passages where experience has shown that the meaning may be mistaken; at giving the references to Scripture where these are at all out of the way (other references have been thought needless); and, in a few cases, at briefly explaining or illustrating the subject matter.

The text of the Benedictine edition has been departed from only in a few trivial cases, and never without indication. A fresh collation of MS. copies of this treatise and the *contra Gentes* is certainly desirable, but it lies beyond the scope of the present undertaking. The editor is glad, however, to confess his obligations to the readings of the Bodleian MS., given by Mr. Marriott. All other critical data are from the Benedictine notes.

It is hoped that this edition may help to diffuse among students and others the knowledge of this unique book, and so tend, however indirectly, to the furtherance of that Truth for which its writer suffered and achieved so much.

August 1882.

INTRODUCTION.

To sketch the life of St. Athanasius would only be to do in a meagre way what has been done by others often and well. (See especially *Dictionary of Christian Biography*, s. v.) But a few words may be said here about the work which now concerns us.

It was written, it would seem, in the year 318,[1] when the writer was about twenty-two years old, along with the treatise κατὰ τῶν Ἑλλήνων (*contra Gentes*), with which it is closely connected. The two essays are addressed to an inquirer, possibly a catechumen;[2] at least sincerely well disposed towards Christianity, but, at the same time, familiar with current non-Christian ideas and systems.

In the *contra Gentes*, he traces the origin of paganism to the departure of man from his original exemplar, the *Logos* (11). The presence of the Word in the universe is its sustaining Principle of Harmony and Order. Man had

---

[1] The year before the outburst of the Arian controversy, to which no reference of any kind can be traced, unless we see an allusion to its germs in *c. Gent*, xlvi, 8 The schismatics of *de Incar* xxiv, § 4, are probably the Meletians Two later writings *de Incarnatione* are ascribed to Athanasius; one against a section of the Arians, the other against the Apollinarians

[2] He is described (*c. Gent*, i, 7, etc) as φιλόχριστος, and is assumed to have access to Holy Writ (*ib*, § 2, etc) He may have been already a baptized Christian The name Μακάριος (*c Gent*, i, 2, cfr. *de Incarn*, 1, 1), may be either a proper name, or merely an adjective.

the further gift of *conscious* possession of this principle, involving the Godlike privilege of Reason, and a conscious, and therefore free, conformity with the Order of his being (ii–iv). By the abuse of his conscious choice, man began to be engrossed by the objects by which he was surrounded, choosing the Creature before the Creator. Thence, by a gradual decline (v, viii), flowed bondage to the senses—a bondage both moral and mental—sensuality, idolatry, and the abominations of nature-worship The latter in its various forms (xvi–xxvi), including the higher pantheism of the philosophers, is examined and refuted. It is shown how that Nature, which they identify with God, testifies to an author distinct from and above herself (xxvii–xxix) The human soul (on which chapters xxx–xxxiii are a digression) can (xxxiv), and, unless clouded by error, will, recognise in the Order of the Universe (xxxv–xlvi) the handiwork of God and the Presence of the *Logos*.

By a return to the *Logos*, and not otherwise (xlvii), could mankind be reclaimed and freed from their service of sin How such a return is possible is the question left to be answered in our present treatise.

The general design of the de Incarnatione is to illustrate and confirm the Doctrine of the Incarnation by showing,

1. Its necessity and end.
2 The congruity of its details.
3 Its truth, as against the objections of Jews and Gentiles
4. Its results.

I.

He begins by a review of the doctrine of Creation and of man's place therein. The abuse by man of his special privilege had resulted in its loss. By foregoing the Divine Life, man entered on a course of endless undoing, of progressive decay, from which none could rescue him but the original Bestower of his life (i–vii). Then follows a description in glowing words of the Incarnation of the Word, and of its efficacy against the plague of corruption (chaps. viii–x).

With the *Divine Life*, men had further received, in the *knowledge of God*, the conscious reflex of the Divine Likeness, the faculty of reason in its highest exercise This knowledge their moral fall dimmed and perverted. Heeding not even the means by which God sought to remind them of Himself, they fell deeper and deeper into materialism and superstition. To restore the effaced Likeness the presence of its Original was requisite Accordingly, condescending to men's sense-bound intelligence—lest men should have been created in vain in the Image of God—the Word took flesh and became an object of Sense, that through the Seen He might reveal the Invisible (xi–xvi).

II.

Having dwelt on the meaning and purpose of the Incarnation (xvii–xix), he proceeds (xx–xxxii) to speak of the Death and Resurrection of the Incarnate Word. He, who alone could renew the handiwork, and restore the Image, and give afresh the knowledge of God, must needs, in order to pay the debt all had incurred (τὸ παρα πάντων ὀφειλόμενον) die in our stead, offering the sacrifice on behalf of all, so as to rise again, as our first-fruits, from the grave. (The language of ch. xx should be carefully noted.) After speaking of the especial fitness of the Cross, once the instrument of shame, now the trophy of victory, and after meeting some difficulties connected with the manner of our Lord's Death, he passes to the Resurrection. He shows how Christ by His triumph over the grave changed (ch. xxvii) the relative ascendancy of Death and Life; and how the Resurrection, with its momentous train of consequences, follows of necessity (ch. xxxi) from the Incarnation of Him in whom was Life.

III.

The two main divisions of contemporary unbelief are next combated In either case the root of the difficulty is moral; with the Greeks it is a frivolous cynicism, with the Jews, inveterate obstinacy. The latter (ch. xxxiii–xl) are confuted, firstly, by their own Scriptures, which predict, both in general and in detail, the coming of Jesus Christ, not omitting even its date. Also, the old Jewish polity, both civil and religious, has passed away, giving place to the Church of Christ.

IV.

Turning to the Greeks, and assuming that they allow the existence of a pervading Spirit, whose presence is the sustaining principle of all things, he challenges them to reject, without inconsistency, the union of that Spirit— *the Logos*—with one in particular of the many constituents of that universe wherein he already dwells. And since man alone (ch xliii, 3) of the creatures had departed from the order of his creation, it was man's nature that the Word united to himself, thus repairing the breach between the creature and the Creator at the very point where it had occurred.

God did not restore man by a mere fiat (νεύματι or προστάξει μόνον), because, just as repentance on man's part (ch vii) could not eradicate his disease, so such a fiat on God's part would have amounted to the annihilation of human nature as it was, and the creation of a fresh race. There was man with a definite disorder, and this disorder God met with a specific remedy, overcoming Death with Life. Thus man has been enabled once more to shew forth in common with the rest of Creation the handiwork and the glory of his Maker (chaps xli–xlv)

The writer then confronts the Greeks, as he had the Jews, with facts. Since the Coming of Christ, paganism, popular and philosophic, had been falling into discredit and decay. The impotence and rivalries of the Sophists, the local and heterogeneous character, the low moral ideals of the old worships, are contrasted with the Oneness and the inspiring power of the Religion of the Crucified Such are the two, the dying and the living systems; it remains for him who will to taste and see what that life is, which is the gift of Christ to them that follow Him (ch. xlvi–end)

V.

The above is the general course taken by the argument, but to be understood and valued, the book must be read with close attention to detail The writer, it will be seen, is concerned more with the Incarnation as a living Fact, and with its place in the scheme of God's dealings with man, than with its analysis as a theological doctrine. He does not enter on the questions, so fruitful of controversy in the succeeding hundred years, of the union of two natures in one Person, what each nature was, and how the assumption of the one consisted with the integrity of both.[1] Neither does he separate those different aspects of the Atonement, which later ages have singled out in turn as exhausting its meaning.[2] All are for him but a single Whole, the parts are there, but as parts only. (See, e g, vii, 5, xi, 3)

Athanasius did not think of the Incarnation as a solitary interposition, an isolated event, whose meaning was exclusively to be sought in the substitution of the Divine Victim for a guilty race. Certainly it was the culminating and unique act of God's mercy, the Coming of the King in Person to save His people, and certainly the Cross was the central purpose ($δι' ὃ μάλιστα καὶ ἐπεδήμησεν$) of that Coming. But He came also to recreate, to heal, and to teach; to restore our nature to that state of Grace $τὴν τοῦ κατ' εἰκόνα χάριν$) which had been lost. And His coming was of a piece with His work from the beginning, the completion of that chain of God's self-witness with which man was already surrounded. From the beginning He was the Light of men, His Presence, the Likeness of God, was waning, but not quite effaced (ch xiv, 1), and all previous Divine manifestations to men were His.[3] Nor was his working in and through the universe suspended by His humiliation, He rather glorified the human than dimmed the Divine nature (ch. xvii, etc.)

[1] His language, however, harmonises remarkably with the precision of later days.

[2] See Norris's *Rudiments of Theol*, appendix, ch. ii, where Athanasius is compared with other writers on this subject.

[3] It has been reserved for our own days to see, by the aid of a wider comparative method, how universal the presence of Truth has been to man's religious consciousness, even in its most distorted forms

The glory of the Word of God shone with a concentrated light in the Person of the Man, Christ Jesus. And the triumphs of the Faith since the removal of His bodily presence are not merely the force of His historical Life and Death, propagating itself through the succeeding ages, but the direct result and sign of His living and moving power. This is especially exerted in His secret appeal to the individual conscience (μετα πείθων ἀφανῶς) which undermines the whole power of sin and error in the world. To this point Athanasius is constantly returning; it is to him the keystone of Christ's power among men.

VI.

Enough, we may hope, has now been said to prepare the reader for the study of the text. The style, it must be allowed, is not that of classical Greek It no longer possesses that precise and subtle flexibility of idiom which the old language drew from the play of mood and particle. The structure of dependent and conditional sentences, the insertion or non-insertion of ἄν, are loose and irregular. In a few places the meaning is at first sight hard to determine. But the treatise throughout is agreeably free from rhetorical pretence, and it has that eloquence which is the reflex of a philosophical, but simple, ardent, and deeply reverent mind. Its richness is in ideas The similes employed are worthy of particular attention, not only for their simplicity and point, but for their doctrinal suggestiveness. We must also be struck with the way in which fertility of illustration is combined with freedom from digression. The whole power of the writer is absorbed in the subject under discussion not even the doctrine of the Holy Trinity, or the Personality and Work of the Spirit, are mentioned; while yet the treatment of the central theme is versatile and many-sided to an unequalled degree. But above all, the whole is quickened by an ethical warmth which gives reality and spontaneity to the reasoning, and by that feeling toward the Incarnate Son of God, without which whatever is written on this subject must be as sounding brass and as a tinkling cymbal

OF THE

INCARNATION OF THE WORD.

I. ΑΥΤΑΡΚΩΣ ἐν τοῖς[1] πρὸ τούτων ἐκ πολλῶν ὀλίγα διαλαβόντες, περὶ τῆς τῶν ἐθνῶν περὶ τὰ εἴδωλα πλάνης, καὶ τῆς τούτων δεισιδαιμονίας, πῶς ἐξ ἀρχῆς τούτων γέγονεν ἡ εὕρεσις, ὅτι ἐκ κακίας οἱ ἄνθρωποι ἑαυτοῖς τὴν πρὸς τὰ εἴδωλα θρησκείαν ἐπενόησαν· ἀλλὰ γὰρ χάριτι Θεοῦ σημάναντες ὀλίγα καὶ περὶ τῆς θειότητος τοῦ Λόγου τοῦ Πατρὸς, καὶ τῆς εἰς πάντα προνοίας καὶ δυνάμεως αὐτοῦ· καὶ ὅτι ὁ ἀγαθὸς Πατὴρ τούτῳ τὰ πάντα διακοσμεῖ, καὶ τὰ πάντα ὑπ᾽ αὐτοῦ κινεῖται, καὶ ἐν αὐτῷ ζωοποιεῖται· φέρε κατὰ ἀκολουθίαν,[2] Μακάριε καὶ ἀληθῶς φιλόχριστε, τῇ περὶ τῆς εὐσεβείας πίστει, καὶ τὰ περὶ τῆς ἐνανθρωπήσεως τοῦ Λόγου διηγησώμεθα, καὶ περὶ τῆς θείας αὐτοῦ πρὸς ἡμᾶς ἐπιφανείας δηλώσωμεν· ἣν Ἰουδαῖοι μὲν διαβάλλουσιν, Ἕλληνες δὲ χλευάζουσιν, ἡμεῖς δὲ προσκυνοῦμεν· ἵν᾽ ἔτι μᾶλλον ἐκ τῆς δοκούσης εὐτελείας τοῦ Λόγου, μείζονα καὶ πλείονα τὴν εἰς αὐτὸν εὐσέβειαν ἔχῃς. 2. Ὅσῳ γὰρ παρὰ τοῖς ἀπίστοις χλευάζεται, τοσούτῳ μείζονα τὴν περὶ τῆς θεότητος αὐτοῦ

[1] The treatise "contra Gentes"
[2] κατὰ ἀκ . . . τῇ π τ. ἐ πίστει, "as a sequel to the Faith concerning our religion"—summed up in what precedes, from the c. Gent.

μαρτυρίαν παρέχει· ὅτι τε ἃ μὴ καταλαμβάνουσιν ἄνθρωποι ὡς ἀδύνατα, ταῦτα αὐτὸς ἐπιδείκνυται δυνατά· καὶ ἃ ὡς ἀπρεπῆ χλευάζουσιν ἄνθρωποι, ταῦτα αὐτὸς τῇ ἑαυτοῦ ἀγαθότητι εὐπρεπῆ κατασκευάζει· καὶ ἃ σοφιζόμενοι οἱ ἄνθρωποι ὡς ἀνθρώπινα γελῶσι, ταῦτα αὐτὸς τῇ ἑαυτοῦ δυνάμει θεῖα ἐπιδείκνυται, τὴν μὲν τῶν εἰδώλων φαντασίαν τῇ νομιζομένῃ ἑαυτοῦ εὐτελείᾳ διὰ τοῦ σταυροῦ καταστρέφων, τοὺς δὲ χλευάζοντας καὶ ἀπιστοῦντας μεταπείθων ἀφανῶς ὥστε τὴν θειότητα αὐτοῦ καὶ δύναμιν ἐπιγινώσκειν. 3 Εἰς δὲ τὴν περὶ τούτων διήγησιν, χρεία τῆς τῶν προειρημένων μνήμης· ἵνα καὶ τὴν αἰτίαν τῆς ἐν σώματι φανερώσεως τοῦ τοσούτου καὶ τηλικούτου Πατρικοῦ Λόγου γνῶναι δυνηθῇς, καὶ μὴ νομίσῃς, ὅτι φύσεως ἀκολουθίᾳ σῶμα πεφόρεκεν ὁ Σωτήρ· ἀλλ' ὅτι ἀσώματος ὢν τῇ φύσει, καὶ Λόγος ὑπάρχων, ὅμως κατὰ φιλανθρωπίαν καὶ ἀγαθότητα τοῦ ἑαυτοῦ Πατρὸς, διὰ τὴν ἡμῶν σωτηρίαν, ἐν ἀνθρωπίνῳ σώματι ἡμῖν πεφανέρωται. 4 Πρέπει δὲ ποιουμένους ἡμᾶς τὴν περὶ τούτου διήγησιν, πρότερον περὶ τῆς τῶν ὅλων κτίσεως, καὶ τοῦ ταύτης δημιουργοῦ Θεοῦ εἰπεῖν, ἵνα οὕτως καὶ τὴν ταύτης ἀνακαίνισιν ὑπὸ τοῦ κατὰ τὴν ἀρχὴν αὐτὴν δημιουργήσαντος Λόγου γεγενῆσθαι, ἀξίως ἄν τις θεωρήσειεν· οὐδὲν γὰρ ἐναντίον φανήσεται, εἰ δι' οὗ ταύτην ἐδημιούργησεν ὁ Πατὴρ, ἐν αὐτῷ καὶ τὴν ταύτης σωτηρίαν εἰργάσατο.

II. Τὴν δημιουργίαν τοῦ κόσμου καὶ τὴν τῶν πάντων κτίσιν πολλοὶ διαφόρως ἐξειλήφασι,[1] καὶ ὡς ἕκαστος ἠθέλησεν, οὕτως καὶ ὡρίσατο. Οἱ μὲν γὰρ αὐτομάτως, καὶ ὡς ἔτυχε, τὰ πάντα γεγενῆσθαι λέ-

---
[1] ἐξειλήφασι "Have understood"

Presupposes that of Creation.

γουσιν, ὡς οἱ Ἐπικούρειοι, οἳ καὶ τὴν τῶν ὅλων πρόνοιαν καθ' ἑαυτῶν οὐκ εἶναι μυθολογοῦσιν, ἄντικρυς παρὰ τὰ ἐναργῆ καὶ φαινόμενα λέγοντες 2. Εἰ γὰρ αὐτομάτως τὰ πάντα χωρὶς προνοίας κατ' αὐτοὺς γέγονεν, ἔδει τὰ πάντα ἁπλῶς γεγενῆσθαι, καὶ ὅμοια εἶναι, καὶ μὴ διάφορα. Ὡς γὰρ ἐπὶ[1] σώματος ἑνὸς ἔδει τὰ πάντα εἶναι ἥλιον ἢ σελήνην καὶ ἐπὶ τῶν ἀνθρώπων ἔδει τὸ ὅλον εἶναι χεῖρα, ἢ ὀφθαλμὸν, ἢ πόδα. Νῦν δὲ οὐκ ἔστι μὲν οὕτως· ὁρῶμεν δὲ τὸ μὲν, ἥλιον· τὸ δὲ, σελήνην τὸ δὲ, γῆν καὶ πάλιν ἐπὶ τῶν ἀνθρωπίνων σωμάτων, τὸ μὲν, πόδα· τὸ δὲ, χεῖρα· τό δὲ, κεφαλήν ἡ δὲ τοιαύτη διάταξις, οὐκ αὐτομάτως αὐτὰ γεγενῆσθαι γνωρίζει, ἀλλ' αἰτίαν τούτων προηγεῖσθαι δείκνυσιν· ἀφ' ἧς καὶ τὸν διαταξάμενον καὶ πάντα ποιήσαντα Θεόν ἐστι νοεῖν 3. Ἄλλοι δὲ, ἐν οἷς ἐστὶ καὶ ὁ μέγας παρ' Ἕλλησι Πλάτων, ἐκ προυποκειμένης καὶ ἀγενήτου ὕλης πεποιηκέναι τὸν Θεὸν τὰ ὅλα διηγοῦνται· μὴ ἂν γὰρ δύνασθαί τι ποιῆσαι τὸν Θεὸν εἰ μὴ προυπέκειτο ἡ ὕλη· ὥσπερ καὶ τῷ τέκτονι προυποκεῖσθαι δεῖ τὸ ξύλον, ἵνα καὶ ἐργάσασθαι δυνηθῇ 4 Οὐκ ἴσασι δὲ τοῦτο λέγοντες, ὅτι ἀσθένειαν περιτιθέασι τῷ Θεῷ εἰ γὰρ οὐκ ἔστι τῆς ὕλης αὐτὸς αἴτιος, ἀλλ' ὅλως ἐξ ὑποκειμένης ὕλης ποιεῖ τὰ ὄντα, ἀσθενὴς εὑρίσκεται, μὴ δυνάμενος ἄνευ τῆς ὕλης ἐργάσασθαί τι τῶν γενομένων· ὥσπερ ἀμέλει καὶ τοῦ τέκτονος ἀσθένειά ἐστι, τὸ μὴ δύνασθαι χωρὶς τῶν ξύλων ἐργάσασθαί τι τῶν ἀναγκαίων καὶ καθ' ὑπόθεσιν γὰρ εἰ μὴ ἦν ἡ ὕλη, οὐκ ἂν εἰργάσατό τι ὁ Θεός. καὶ πῶς ἔτι ποιητὴς καὶ δημιουργὸς ἂν λεχθείη

---
[1] As in the case of *the Universe* (see xli, 5)   "so with men also," etc

ἐξ ἑτέρου τὸ ποιεῖν ἐσχηκὼς, λέγω δὴ ἐκ τῆς ὕλης; ἔσται δὲ, εἰ οὕτως ἔχει, κατ' αὐτοὺς ὁ Θεὸς τεχνίτης μόνον καὶ οὐ κτιστὴς εἰς τὸ εἶναι, εἰ τὴν ὑποκειμένην ὕλην ἐργάζεται, τῆς δὲ ὕλης οὐκ ἔστιν αὐτὸς αἴτιος. καθόλου γὰρ οὐδὲ κτιστὴς ἂν λεχθείη, εἰ μὴ κτίζει τὴν ὕλην, ἐξ ἧς καὶ τὰ κτισθέντα γέγονεν. 5. Οἱ δὲ ἀπὸ τῶν αἱρέσεων ἄλλον ἑαυτοῖς ἀναπλάττονται δημιουργὸν τῶν πάντων παρὰ τὸν Πατέρα τοῦ Κυρίου ἡμῶν Ἰησοῦ Χριστοῦ, τυφλώττοντες μέγα καὶ περὶ ἃ φθέγγονται. 6 Τοῦ γὰρ Κυρίου λέγοντος πρὸς τοὺς Ἰουδαίους· "οὐκ ἀνέγνωτε, ὅτι ἀπ' ἀρχῆς ὁ κτίσας ἄρρεν "καὶ θῆλυ ἐποίησεν αὐτούς; καὶ εἶπεν· ἕνεκεν τούτου "καταλείψει ἄνθρωπος τὸν πατέρα καὶ τὴν μητέρα "αὐτοῦ, καὶ προσκολληθήσεται τῇ γυναικὶ αὐτοῦ "καὶ ἔσονται οἱ δύο εἰς σάρκα μίαν·" εἶτα σημαίνων τὸν κτίσαντά φησιν· "ὃ οὖν ὁ Θεὸς συνέζευξεν, ἄν- "θρωπος μὴ χωριζέτω" πῶς οὗτοι ξένην τοῦ Πατρὸς τὴν κτίσιν εἰσάγουσιν, Εἰ δὲ κατὰ τὸν Ἰωάννην πάντα περιλαβόντα καὶ λέγοντα· "πάντα δι' αὐτοῦ "ἐγένετο, καὶ χωρὶς αὐτοῦ ἐγένετο οὐδὲ ἕν," πῶς ἂν ἄλλος εἴη ὁ δημιουργὸς, παρὰ τὸν Πατέρα τοῦ Χριστοῦ;

III. Ταῦτα μὲν οὗτοι μυθολογοῦσιν ἡ δὲ ἔνθεος διδασκαλία καὶ ἡ κατὰ Χριστὸν πίστις τὴν μὲν τούτων ματαιολογίαν ὡς ἀθεότητα διαβάλλει. Οὔτε γὰρ αὐτομάτως, διὰ τὸ μὴ ἀπρονόητα εἶναι, οὔτε ἐκ προϋποκειμένης ὕλης, διὰ τὸ μὴ ἀσθενῆ εἶναι τὸν Θεόν· ἀλλ' ἐξ οὐκ ὄντων καὶ μηδαμῶς ὑπάρχοντα τὰ ὅλα εἰς τὸ εἶναι πεποιηκέναι τὸν Θεὸν διὰ τοῦ Λόγου οἶδεν, ᾖ φησὶ διὰ μὲν Μωϋσέως· "Ἐν ἀρχῇ ἐποί- "ησεν ὁ Θεὸς τὸν οὐρανὸν καὶ τὴν γῆν." διὰ δὲ τῆς

Creation out of nothing the true Doctrine

ὠφελιμωτάτης βίβλου τοῦ Ποιμένος· "πρῶτον πάν-
"των πίστευσον, ὅτι εἷς ἐστὶν ὁ Θεός, ὁ τὰ πάντα
"κτίσας καὶ καταρτίσας, καὶ ποιήσας ἐκ τοῦ μὴ ὄντος
"εἰς τὸ εἶναι." 2. Ὅπερ καὶ ὁ Παῦλος σημαίνων
φησί· "Πίστει νοοῦμεν κατηρτίσθαι τοὺς αἰῶνας
"ῥήματι Θεοῦ, εἰς τὸ μὴ ἐκ φαινομένων τὰ βλεπό-
"μενα γεγονέναι.' 3. Ὁ Θεὸς γὰρ ἀγαθός ἐστι,
μᾶλλον δὲ πηγὴ τῆς ἀγαθότητος ὑπάρχει· ἀγαθῷ δὲ
περὶ οὐδενὸς ἂν γένοιτο φθόνος· ὅθεν οὐδενὶ τοῦ εἶναι
φθονήσας, ἐξ οὐκ ὄντων τὰ πάντα πεποίηκε διὰ τοῦ
ἰδίου Λόγου τοῦ Κυρίου ἡμῶν Ἰησοῦ Χριστοῦ· ἐν
οἷς πρὸ πάντων τῶν ἐπὶ γῆς τὸ ἀνθρώπων γένος
ἐλεήσας καὶ θεωρήσας ὡς οὐχ ἱκανὸν εἴη κατὰ τὸν
τῆς ἰδίας γενέσεως λόγον διαμένειν ἀεί, πλέον τι χαρι-
ζόμενος αὐτοῖς, οὐχ ἁπλῶς, ὥσπερ πάντα τὰ ἐπὶ γῆς
ἄλογα ζῷα, ἔκτισε τοὺς ἀνθρώπους ἀλλὰ κατὰ τὴν
ἑαυτοῦ εἰκόνα ἐποίησεν αὐτούς, μεταδοὺς αὐτοῖς καὶ
τῆς τοῦ ἰδίου Λόγου δυνάμεως, ἵνα ὥσπερ σκιάς τινας
ἔχοντες τοῦ Λόγου καὶ γενόμενοι λογικοί, διαμένειν ἐν
μακαριότητι δυνηθῶσι, ζῶντες τὸν ἀληθινὸν καὶ ὄντως
τῶν ἁγίων ἐν παραδείσῳ βίον 4. Εἰδὼς δὲ πάλιν
τὴν ἀνθρώπων εἰς ἀμφότερα νεύειν δυναμένην προαί-
ρεσιν, προλαβὼν ἠσφαλίσατο νόμῳ καὶ τόπῳ τὴν
δοθεῖσαν αὐτοῖς χάριν εἰς τὸν ἑαυτοῦ γὰρ παράδει-
σον αὐτοὺς εἰσαγαγών, ἔδωκεν αὐτοῖς νόμον· ἵνα εἰ
μὲν φυλάξαιεν τὴν χάριν, καὶ μένοιεν καλοί, ἔχωσι
τὴν ἐν παραδείσῳ ἄλυπον καὶ ἀνώδυνον καὶ ἀμέριμ-
νον ζωὴν, πρὸς τῷ καὶ τῆς ἐν οὐρανοῖς ἀφθαρσίας αὐ-
τοὺς τὴν ἐπαγγελίαν ἔχειν εἰ δὲ παραβαῖεν καὶ στρα-
φέντες γένοιντο φαῦλοι, γινώσκοιεν ἑαυτοὺς τὴν ἐν
θανάτῳ κατὰ φύσιν φθορὰν ὑπομένειν, καὶ μηκέτι μὲν

Man's Creation. his Fall.

ἐν παραδείσῳ ζῆν, ἔξω δὲ τούτου λοιπὸν ἀποθνήσκοντας μένειν ἐν τῷ θανάτῳ καὶ ἐν τῇ φθορᾷ. 5. Τοῦτο δὲ καὶ ἡ θεία γραφὴ προσημαίνει λέγουσα ἐκ προσώπου τοῦ Θεοῦ· " ἀπὸ παντὸς ξύλου τοῦ ἐν τῷ " παραδείσῳ βρώσει φαγῇ· ἀπὸ δὲ τοῦ ξύλου τοῦ " γινώσκειν καλὸν καὶ πονηρὸν οὐ φάγεσθε ἀπ᾽ αὐτοῦ. " ᾗ δ᾽ ἂν ἡμέρᾳ φάγησθε, θανάτῳ ἀποθανεῖσθε." τὸ δὲ θανάτῳ ἀποθανεῖσθε, τί ἂν ἄλλο εἴη ἢ τὸ μὴ μόνον ἀποθνήσκειν, ἀλλὰ καὶ ἐν τῇ τοῦ θανάτου φθορᾷ διαμένειν;

IV. Ἴσως θαυμάζεις τί δήποτε περὶ τῆς ἐνανθρωπήσεως τοῦ Λόγου προθέμενοι λέγειν, νῦν περὶ τῆς ἀρχῆς τῶν ἀνθρώπων διηγούμεθα; ἀλλὰ καὶ τοῦτο οὐκ ἀλλότριόν ἐστι τοῦ σκοποῦ τῆς διηγήσεως. 2. Ἀνάγκη γὰρ ἡμᾶς λέγοντας περὶ τῆς εἰς ἡμᾶς ἐπιφανείας τοῦ Σωτῆρος, λέγειν καὶ περὶ τῆς τῶν ἀνθρώπων ἀρχῆς, ἵνα γινώσκῃς ὅτι ἡ ἡμῶν αἰτία ἐκείνῳ γέγονε πρόφασις τῆς καθόδου, καὶ ἡ ἡμῶν παράβασις τοῦ Λόγου τὴν φιλανθρωπίαν ἐξεκαλέσατο, ὥστε καὶ εἰς ἡμᾶς φθάσαι καὶ φανῆναι τὸν Κύριον ἐν ἀνθρώποις. 3. Τῆς γὰρ ἐκείνου ἐνσωματώσεως ἡμεῖς γεγόναμεν ὑπόθεσις, καὶ διὰ τὴν ἡμῶν σωτηρίαν ἐφιλανθρωπεύσατο καὶ ἐν ἀνθρωπίνῳ γενέσθαι καὶ φανῆναι σώματι. 4. Οὕτως μὲν οὖν ὁ Θεὸς τὸν ἄνθρωπον πεποίηκε, καὶ μένειν ἠθέλησεν ἐν ἀφθαρσίᾳ· ἄνθρωποι δὲ κατολιγωρήσαντες καὶ ἀποστραφέντες τὴν πρὸς τὸν Θεὸν κατανόησιν, λογισάμενοι δὲ καὶ ἐπινοήσαντες ἑαυτοῖς τὴν κακίαν, ὥσπερ ἐν[1] τοῖς πρώτοις ἐλέχθη, ἔσχον τὴν προαπειληθεῖσαν τοῦ θανάτου κατάκρισιν, καὶ λοιπὸν οὐκ ἔτι, ὡς γεγόνασι, διέ-

[1] See c Gent, III -v.

The effect of man's sin on his condition. 7

μενον· ἀλλ' ὡς ἐλογίζοντο, διεφθείροντο· καὶ ὁ θάνατος αὐτῶν ἐκράτει βασιλεύων. ἡ γὰρ παράβασις τῆς ἐντολῆς εἰς τὸ κατὰ φύσιν αὐτοὺς ἐπέστρεφεν, ἵνα ὥσπερ οὐκ ὄντες γεγόνασιν, οὕτως καὶ τὴν εἰς τὸ ⟨μὴ[1]⟩ εἶναι φθορὰν ὑπομείνωσι τῷ χρόνῳ εἰκότως 5. Εἰ γὰρ φύσιν ἔχοντες τὸ μὴ εἶναί ποτε, τῇ τοῦ Λόγου παρουσίᾳ καὶ φιλανθρωπίᾳ εἰς τὸ εἶναι ἐκλήθησαν, ἀκόλουθον ἦν κενωθέντας τοὺς ἀνθρώπους τῆς περὶ Θεοῦ ἐννοίας καὶ εἰς τὰ οὐκ ὄντα ἀποστραφέντας οὐκ ὄντα γάρ ἐστι τὰ κακά, ὄντα δὲ τὰ καλά ἐπειδήπερ ἀπὸ τοῦ ὄντος Θεοῦ γεγόνασι, κενωθῆναι καὶ τοῦ εἶναι ἀεί. τοῦτο δέ ἐστι τὸ διαλυθέντας μένειν ἐν τῷ θανάτῳ καὶ τῇ φθορᾷ. 6. Ἔστι μὲν γὰρ κατὰ φύσιν ἄνθρωπος θνητός, ἅτε δὴ ἐξ οὐκ ὄντων γεγονώς. διὰ δὲ τὴν πρὸς τὸν ὄντα ὁμοιότητα,[2] ἣν εἰ ἐφύλαττε διὰ τῆς πρὸς αὐτὸν κατανοήσεως, ἤμβλυνεν ἂν τὴν κατὰ φύσιν φθορὰν, καὶ ἔμεινεν ἄφθαρτος καθάπερ ἡ σοφία φησίν· "προσοχὴ[3] νόμων, βεβαίωσις ἀφθαρσίας." ἄφθαρτος δὲ ὢν, ἔζη λοιπὸν ὡς Θεὸς, ὡς που καὶ ἡ θεία γραφὴ τοῦτο σημαίνει λέγουσα "Ἐγὼ εἶπα "θεοί ἐστε, καὶ υἱοὶ ὑψίστου πάντες· ὑμεῖς δὲ ὡς "ἄνθρωποι ἀποθνήσκετε, καὶ ὡς εἷς τῶν ἀρχόντων "πίπτετε"

V. Ὁ μὲν γὰρ Θεὸς οὐ μόνον ἐξ οὐκ ὄντων ἡμᾶς πεποίηκεν, ἀλλὰ καὶ τὸ κατὰ Θεὸν ζῆν ἡμῖν ἐχαρίσατο τῇ τοῦ Λόγου χάριτι. οἱ δὲ ἄνθρωποι ἀποστραφέντες τὰ αἰώνια, καὶ συμβουλίᾳ τοῦ διαβόλου

---
[1] The restoration of μὴ is due to Marriott
[2] § 6 The sentence διὰ δὲ, &c , is best translated by treating ἣν εἰ ... ἄφθαρτος δὲ ὤν as parenthetical. In classical Greek ἔζη would require ἄν   • Wisdom vi, 18.

8 The decay of Mankind, owing to Sin.

εἰς τὰ τῆς φθορᾶς ἐπιστραφέντες, ἑαυτοῖς αἴτιοι τῆς ἐν τῷ θανάτῳ φθορᾶς γεγόνασιν, ὄντες μὲν ὡς προεῖπον, κατὰ φύσιν φθαρτοί, χάριτι δὲ τῆς τοῦ Λόγου μετουσίας τοῦ κατὰ φύσιν ἐκφυγόντες, εἰ μεμενήκεισαν καλοί. 2. Διὰ γὰρ τὸν συνόντα τούτοις Λόγον, καὶ ἡ κατὰ φύσιν φθορὰ τούτων οὐκ ἤγγιζε, καθὼς καὶ ἡ σοφία φησίν·[1] "ὁ Θεὸς ἔκτισε τὸν ἄν- "θρωπον ἐπ᾽ ἀφθαρσίᾳ, καὶ εἰκόνα τῆς ἰδίας ἀϊδιό- "τητος· φθόνῳ δὲ διαβόλου θάνατος εἰσῆλθεν εἰς τὸν "κόσμον·" τούτου δὲ γενομένου οἱ μὲν ἄνθρωποι ἀπέθνησκον, ἡ δὲ φθορὰ λοιπὸν κατ᾽ αὐτῶν ἤκμασεν, καὶ πλεῖον τοῦ κατὰ φύσιν ἰσχύουσα καθ᾽ ὅλου τοῦ γένους, ὅσῳ καὶ τὴν ἀπειλὴν τοῦ θείου διὰ τὴν παράβασιν τῆς ἐντολῆς κατ᾽ αὐτῶν προειλήφει. 3. Καὶ γὰρ καὶ ἐν τοῖς πλημμελήμασιν οἱ ἄνθρωποι οὐκ ἄχρις ὅρων ὡρισμένων εἱστήκεισαν· ἀλλὰ κατ᾽ ὀλίγον ἐπεκτεινόμενοι, λοιπὸν καὶ εἰς ἄμετρον ἐληλύθασιν, ἐξ ἀρχῆς μὲν εὑρεταὶ τῆς κακίας γενόμενοι, καὶ καθ᾽ ἑαυτῶν τὸν θάνατον προκαλεσάμενοι καὶ τὴν φθοράν· ὕστερον δὲ εἰς ἀδικίαν ἐκτραπέντες καὶ παρανομίαν πᾶσαν ὑπερβάλλοντες, καὶ μὴ ἑνὶ κακῷ ἱστάμενοι, ἀλλὰ πάντα καινὰ καινοῖς ἐπινοοῦντες, ἀκόρεστοι περὶ τὸ ἁμαρτάνειν γεγόνασι. 4. Μοιχεῖαι μὲν γὰρ ἦσαν καὶ κλοπαὶ πανταχοῦ, φόνων δὲ καὶ ἁρπαγῶν πλήρης ἦν ἡ σύμπασα γῆ. καὶ νόμου μὲν οὐκ ἦν φροντὶς περὶ φθορᾶς καὶ ἀδικίας· πάντα δὲ τὰ κακὰ καθ᾽ ἕνα καὶ κοινῇ παρὰ πᾶσιν ἐπράττετο. Πόλεις μὲν κατὰ πόλεων ἐπολέμουν, καὶ ἔθνη κατὰ ἐθνῶν ἠγείρετο· διῄρητο δὲ πᾶσα ἡ οἰκουμένη στάσεσι καὶ μάχαις, ἑκάστου φιλονεικοῦντος ἐν τῷ παρανομεῖν.

[1] Wisd 11, 23, 24.

What then was to be done? 9

5. Οὐκ ἦν δὲ τούτων μακρὰν οὐδὲ τὰ παρὰ φύσιν, ἀλλ᾽ ὡς εἶπεν ὁ τοῦ Χριστοῦ μάρτυς Ἀπόστολος· " αἵ τε " γὰρ θήλειαι αὐτῶν μετήλλαξαν τὴν φυσικὴν χρῆσιν " εἰς τὴν παρὰ φύσιν· ὁμοίως δὲ καὶ οἱ ἄρρενες ἀφέντες " τὴν φυσικὴν χρῆσιν τῆς θηλείας, ἐξεκαύθησαν ἐν " τῇ ὀρέξει αὐτῶν εἰς ἀλλήλους, ἄρρενες ἐν ἄρρεσι " τὴν ἀσχημοσύνην κατεργαζόμενοι, καὶ τὴν ἀντιμισ- " θίαν ἣν ἔδει τῆς πλάνης αὐτῶν ἐν ἑαυτοῖς ἀπολαμ- " βάνοντες."

VI. Διὰ δὴ ταῦτα πλεῖον τοῦ θανάτου κρατήσαντος, καὶ τῆς φθορᾶς παραμενούσης κατὰ τῶν ἀνθρώπων, τὸ μὲν τῶν ἀνθρώπων γένος ἐφθείρετο· ὁ δὲ λογικὸς καὶ κατ᾽ εἰκόνα γενόμενος ἄνθρωπος ἠφανίζετο· καὶ τὸ ὑπὸ τοῦ Θεοῦ γενόμενον ἔργον παραπώλλυτο. 2 Καὶ γὰρ καὶ ὁ θάνατος, ὡς προεῖπον, νόμῳ λοιπὸν ἴσχυε καθ᾽ ἡμῶν· καὶ οὐχ οἷόν τε ἦν τὸν νόμον ἐκφυγεῖν, διὰ τὸ ὑπὸ Θεοῦ τεθεῖσθαι τοῦτον τῆς παραβάσεως χάριν· καὶ ἦν ἄτοπον ὁμοῦ καὶ ἀπρεπὲς τὸ γινόμενον ἀληθῶς. 3. Ἄτοπον μὲν γὰρ ἦν εἰπόντα τὸν Θεὸν ψεύσασθαι, ὥστε νομοθετήσαντος αὐτοῦ θανάτῳ ἀποθνήσκειν τὸν ἄνθρωπον, εἰ παραβαίη τὴν ἐντολὴν, μετὰ τὴν παράβασιν μὴ ἀποθνήσκειν, ἀλλὰ λύεσθαι τὸν τούτου λόγον. οὐκ ἀληθὴς γὰρ ἦν ὁ Θεὸς, εἰ εἰπόντος αὐτοῦ ἀποθνήσκειν ἡμᾶς, μὴ ἀπέθνησκεν ὁ ἄνθρωπος. 4. Ἀπρεπὲς δὲ ἦν πάλιν τὰ ἅπαξ γενόμενα λογικὰ καὶ τοῦ Λόγου αὐτοῦ μετασχόντα παραπόλλυσθαι, καὶ πάλιν εἰς τὸ μὴ εἶναι διὰ τῆς φθορᾶς ἐπιστρέφειν. 5 Οὐκ ἄξιον γὰρ ἦν τῆς ἀγαθότητος τοῦ Θεοῦ τὰ ὑπ᾽ αὐτοῦ γενόμενα διαφθείρεσθαι, διὰ τὴν παρὰ τοῦ διαβόλου γενομένην τοῖς ἀνθρώποις ἀπάτην. 6. Ἄλλως τε καὶ τῶν ἀπρεπεστάτων ἦν τὴν τοῦ Θεοῦ τέχνην ἐν τοῖς ἀνθρώποις ἀφανίζεσθαι ἢ διὰ τῶν αὐτῶν ἀμέλειαν, ἢ διὰ τὴν τῶν δαιμόνων ἀπάτην. 7. Φθειρομένων τοίνυν τῶν λογικῶν καὶ παραπολλυμένων τῶν τοιούτων ἔργων, τί τὸν Θεὸν ἔδει ποιεῖν ἀγαθὸν ὄντα; ἀφεῖναι τὴν φθορὰν κατ' αὐτῶν ἰσχύειν, καὶ τὸν θάνατον αὐτῶν κρατεῖν; καὶ τίς ἡ χρεία τοῦ καὶ ἐξ ἀρχῆς αὐτὰ γενέσθαι; ἔδει γὰρ μὴ γενέσθαι,[1] ἢ γενόμενα παραμεληθῆναι καὶ ἀπολέσθαι. 8. Ἀσθένεια γὰρ μᾶλλον καὶ οὐκ ἀγαθότης ἐκ τῆς ἀμελείας γινώσκεται τοῦ Θεοῦ, εἰ ποιήσας παρορᾷ φθαρῆναι τὸ ἑαυτοῦ ἔργον, ἤπερ εἰ μὴ πεποίηκε κατὰ τὴν ἀρχὴν τὸν ἄνθρωπον. 9. Μὴ ποιήσαντος μὲν γὰρ οὐκ ἦν ὁ λογιζόμενος τὴν ἀσθένειαν, ποιήσαντος δὲ καὶ εἰς τὸ εἶναι κτίσαντος, ἀτοπώτατον ἦν ἀπόλλυσθαι τὰ ἔργα, καὶ μάλιστα ἐπ' ὄψει τοῦ πεποιηκότος. 10. Οὐκοῦν ἔδει τοὺς ἀνθρώπους μὴ ἀφιέναι φέρεσθαι τῇ φθορᾷ, διὰ τὸ ἀπρεπὲς καὶ ἀνάξιον εἶναι τοῦτο τῆς τοῦ Θεοῦ ἀγαθότητος.

VII. Ἀλλ' ὥσπερ ἔδει τοῦτο γενέσθαι, οὕτω καὶ ἐκ τῶν ἐναντίων πάλιν ἀντίκειται[2] τὸ πρὸς τὸν Θεὸν εὔλογον, ὥστε ἀληθῆ φανῆναι τὸν Θεὸν ἐν τῇ περὶ τοῦ θανάτου νομοθεσίᾳ· ἄτοπον γὰρ ἦν διὰ τὴν ἡμῶν ὠφέλειαν καὶ διαμονὴν ψεύστην φανῆναι τὸν τῆς ἀληθείας Πατέρα Θεόν. 2. Τί οὖν ἔδει καὶ περὶ τούτου γενέσθαι ἢ ποιῆσαι τὸν Θεόν; μετάνοιαν ἐπὶ τῇ παραβάσει τοὺς ἀνθρώπους ἀπαιτῆσαι; τοῦτο

---

[1] § 7. ἔδει ... ἢ γενόμενα, &c. "It had been better not to have been made, than, once made," etc The same use of ἔδει ἢ below, xiii, 2

[2] VII 1 τὸ εὔλογον Lit. "what is reasonable with respect to God," i e , what is involved in his Attributes and his Relations to us The modern idea, "Satisfaction of Divine Justice," is a narrowing down of what is here implied.

The Word alone was sufficient for this 11

γὰρ ἄν τις ἄξιον φήσειεν Θεοῦ, λέγων, ὅτι ὥσπερ ἐκ τῆς παραβάσεως εἰς φθορὰν γεγόνασιν, οὕτως ἐκ τῆς μετανοίας γένοιντο πάλιν ἂν εἰς ἀφθαρσίαν. 3. Ἀλλ' ἡ μετάνοια οὔτε τὸ εὔλογον τὸ πρὸς τὸν Θεὸν ἐφύλαττεν. ἔμενε γὰρ πάλιν οὐκ ἀληθὴς, μὴ κρατουμένων ἐν τῷ θανάτῳ τῶν ἀνθρώπων· οὔτε δὲ ἡ μετάνοια ἀπὸ τῶν κατὰ φύσιν ἀνακαλεῖται, ἀλλὰ μόνον παύει τῶν ἁμαρτημάτων 4. Εἰ μὲν οὖν μόνον ἦν πλημμέλημα καὶ μὴ φθορᾶς ἐπακολούθησις,[1] καλῶς ἂν ἦν ἡ μετάνοια εἰ δὲ ἅπαξ προλαβούσης τῆς παραβάσεως, εἰς τὴν κατὰ φύσιν φθορὰν ἐκρατοῦντο οἱ ἄνθρωποι, καὶ τὴν τοῦ κατ' εἰκόνα χάριν ἀφαιρεθέντες ἦσαν, τί ἄλλο ἔδει γενέσθαι; ἢ τίνος ἦν χρεία πρὸς τὴν τοιαύτην χάριν καὶ ἀνάκλησιν, ἢ τοῦ καὶ κατὰ τὴν ἀρχὴν ἐκ τοῦ μὴ ὄντος πεποιηκότος τὰ ὅλα τοῦ Θεοῦ Λόγου; 5. Αὐτοῦ γὰρ ἦν πάλιν καὶ τὸ φθαρτὸν εἰς ἀφθαρσίαν ἐνεγκεῖν, καὶ τὸ ὑπὲρ πάντων εὔλογον ἀποσῶσαι πρὸς τὸν Πατέρα. Λόγος γὰρ ὢν τοῦ Πατρὸς καὶ ὑπὲρ πάντας ὢν, ἀκολούθως καὶ ἀνακτίσαι τὰ ὅλα μόνος ἦν δυνατὸς καὶ ὑπὲρ πάντων παθεῖν καὶ πρεσβεῦσαι περὶ πάντων ἱκανὸς πρὸς τὸν Πατέρα.[2]

VIII Τούτου δὴ ἕνεκεν ὁ ἀσώματος καὶ ἄφθαρτος καὶ ἄϋλος τοῦ Θεοῦ Λόγος παραγίνεται εἰς τὴν ἡμετέραν χώραν, οὔτι γε μακρὰν ὢν πρότερον οὐδὲν γὰρ αὐτοῦ κενὸν ὑπολέλειπται τῆς κτίσεως μέρος· πάντα δὲ διὰ πάντων πεπλήρωκεν αὐτός συνὼν

---

[1] § 4 "Had it merely been a transgression, and not a consequent decay," etc

[2] § 5 He alone had the *power* (δυνατὸς) to *create anew*, and he alone was *worthy* (ἱκανὸς) to *atone* us to God by Death, and to be our eternal πρεσβευτὴς to the Father.

τῷ ἑαυτοῦ Πατρί. ἀλλὰ παραγίνεται συγκαταβαίνων τῇ εἰς ἡμᾶς αὐτοῦ φιλανθρωπίᾳ καὶ ἐπιφανείᾳ. 2. Καὶ ἰδὼν τὸ λογικὸν ἀπολλύμενον γένος, καὶ τὸν θάνατον κατ' αὐτῶν βασιλεύοντα τῇ φθορᾷ· ὁρῶν δὲ καὶ τὴν ἀπειλὴν τῆς παραβάσεως διακρατοῦσαν τὴν καθ' ἡμῶν φθοράν· καὶ ὅτι ἄτοπον ἦν πρὸ τοῦ πληρωθῆναι τὸν νόμον λυθῆναι· ὁρῶν δὲ καὶ τὸ ἀπρεπὲς ἐν τῷ συμβεβηκότι, ὅτι ὧν αὐτὸς ἦν δημιουργός, ταῦτα παρηφανίζετο· ὁρῶν δὲ καὶ τὴν τῶν ἀνθρώπων ὑπερβάλλουσαν κακίαν, ὅτι κατ' ὀλίγον καὶ ἀφόρητον αὐτὴν ηὔξησαν καθ' ἑαυτῶν· ὁρῶν δὲ καὶ τὸ ὑπεύθυνον πάντων τῶν ἀνθρώπων πρὸς τὸν θάνατον· ἐλεήσας τὸ γένος ἡμῶν, καὶ τὴν ἀσθένειαν ἡμῶν οἰκτειρήσας, καὶ τῇ φθορᾷ ἡμῶν συγκαταβὰς, καὶ τὴν τοῦ θανάτου κράτησιν οὐκ ἐνέγκας, ἵνα μὴ τὸ γενόμενον ἀπόληται καὶ εἰς ἀργὸν τοῦ Πατρὸς τὸ εἰς ἀνθρώπους ἔργον αὐτοῦ γένηται, λαμβάνει ἑαυτῷ σῶμα, καὶ τοῦτο οὐκ ἀλλότριον τοῦ ἡμετέρου. 3. Οὐ γὰρ ἁπλῶς ἠθέλησεν ἐν σώματι γενέσθαι, οὐδὲ μόνον ἤθελε φανῆναι· ἐδύνατο γὰρ, εἰ μόνον ἤθελε φανῆναι, καὶ δι' ἑτέρου κρείττονος τὴν θεοφάνειαν αὐτοῦ ποιήσασθαι· ἀλλὰ λαμβάνει τὸ ἡμέτερον, καὶ τοῦτο οὐχ ἁπλῶς, ἀλλ' ἐξ ἀχράντου καὶ ἀμιάντου, ἀνδρὸς ἀπείρου παρθένου, καθαρὸν καὶ ὄντως ἀμιγὲς τῆς ἀνδρῶν συνουσίας. αὐτὸς γὰρ δυνατὸς ὢν καὶ δημιουργὸς τῶν ὅλων, ἐν τῇ Παρθένῳ κατασκευάζει ἑαυτῷ ναὸν τὸ σῶμα, καὶ ἰδιοποιεῖται τοῦτο ὥσπερ ὄργανον, ἐν αὐτῷ γνωριζόμενος καὶ ἐνοικῶν. 4. Καὶ οὕτως ἀπὸ τῶν ἡμετέρων τὸ ὅμοιον λαβὼν, διὰ τὸ πάντας ὑπευθύνους εἶναι τῇ τοῦ θανάτου φθορᾷ, ἀντὶ πάντων αὐτὸ θανάτῳ παραδιδοὺς, προσῆγε τῷ Πατρί, καὶ τοῦτο φιλανθρώπως ποιῶν, ἵνα [1] ὡς μὲν πάντων ἀποθανόντων ἐν αὐτῷ λυθῇ ὁ κατὰ τῆς φθορᾶς τῶν ἀνθρώπων νόμος (ἅτε δὴ πληρωθείσης τῆς ἐξουσίας ἐν τῷ κυριακῷ σώματι, καὶ μηκέτι χώραν ἔχοντος κατὰ τῶν ὁμοίων ἀνθρώπων) ὡς δὲ εἰς φθορὰν ἀναστρέψαντας τοὺς ἀνθρώπους πάλιν εἰς τὴν ἀφθαρσίαν ἐπιστρέψῃ καὶ ζωοποιήσῃ τούτους ἀπὸ τοῦ θανάτου, τῇ τοῦ σώματος ἰδιοποιήσει, καὶ τῇ τῆς ἀναστάσεως χάριτι, τὸν θάνατον[2] ἀπ' αὐτῶν ὡς καλάμην ἀπὸ πυρὸς ἐξαφανίζων.

IX. Συνιδὼν γὰρ ὁ Λόγος, ὅτι ἄλλως οὐκ ἂν λυθείη τῶν ἀνθρώπων ἡ φθορά, εἰ μὴ διὰ τοῦ πάντως ἀποθανεῖν, οὐχ οἷόν τε δὲ ἦν τὸν Λόγον ἀποθανεῖν ἀθάνατον ὄντα καὶ τοῦ Πατρὸς Υἱὸν, τούτου ἕνεκεν τὸ δυνάμενον ἀποθανεῖν ἑαυτῷ λαμβάνει σῶμα, ἵνα τοῦτο τοῦ ἐπὶ πάντων Λόγου μεταλαβὸν, ἀντὶ πάντων ἱκανὸν γένηται τῷ θανάτῳ, καὶ διὰ τὸν ἐνοικήσαντα Λόγον, ἄφθαρτον διαμείνῃ, καὶ λοιπὸν ἀπὸ πάντων ἡ φθορὰ παύσηται τῇ τῆς ἀναστάσεως χάριτι. ὅθεν ὡς ἱερεῖον καὶ θῦμα παντὸς ἐλεύθερον σπίλου, ὃ αὐτὸς ἑαυτῷ ἔλαβε σῶμα προσάγων εἰς θάνατον, ἀπὸ πάντων εὐθὺς τῶν ὁμοίων ἠφάνιζε τὸν θάνατον τῇ προσφορᾷ τοῦ καταλλήλου. 2. Ὑπὲρ πάντας γὰρ ὢν ὁ Λόγος τοῦ Θεοῦ. εἰκότως τὸν ἑαυτοῦ ναὸν καὶ τὸ σωματικὸν ὄργανον προσάγων ἀντίψυχον ὑπὲρ πάντων, ἐπλήρου τὸ ὀφειλόμενον ἐν τῷ θανάτῳ· καὶ οὕτως συνὼν διὰ τοῦ ὁμοίου τοῖς πᾶσιν ὁ ἄφθαρτος τοῦ Θεοῦ Υἱὸς, εἰκότως τοὺς πάντας ἐνέδυσεν ἀφθαρ-

---

[1] § 4. The ἵνα governs *all* the subjunctives, to the end of this chapter.

[2] § 4 ἀπ' αὐτῶν, sc *men* They are the stubble, death the fire (as in xliv, 7) There is a *chiasmus* in the simile.

14 The whole race glorified by the Incarnation

σίαν ἐν τῇ περὶ τῆς ἀναστάσεως ἐπαγγελίᾳ. καὶ αὐτὴ γὰρ ἡ ἐν τῷ θανάτῳ φθορὰ κατὰ τῶν ἀνθρώπων οὐκέτι χώραν ἔχει διὰ τὸν ἐνοικήσαντα Λόγον ἐν τούτοις διὰ τοῦ ἑνὸς σώματος. 3. Καὶ ὥσπερ μεγάλου βασιλέως εἰσελθόντος εἰς τινα πόλιν μεγάλην, καὶ οἰκήσαντος εἰς μίαν τῶν ἐν αὐτῇ οἰκιῶν, πάντως ἡ τοιαύτη πόλις τιμῆς πολλῆς καταξιοῦται, καὶ οὐκέτι τις ἐχθρὸς αὐτὴν οὔτε λῃστὴς ἐπιβαίνων καταστρέφει, πάσης δὲ μᾶλλον ἐπιμελείας ἀξιοῦται διὰ τὸν εἰς μίαν αὐτῆς οἰκίαν οἰκήσαντα βασιλέα· οὕτως καὶ ἐπὶ τοῦ πάντων Βασιλέως γέγονεν. 4. Ἐλθόντος γὰρ αὐτοῦ ἐπὶ τὴν ἡμετέραν χώραν, καὶ οἰκήσαντος εἰς ἓν τῶν ὁμοίων σῶμα, λοιπὸν πᾶσα ἡ κατὰ τῶν ἀνθρώπων παρὰ τῶν ἐχθρῶν ἐπιβουλὴ πέπαυται, καὶ ἡ τοῦ θανάτου ἠφάνισται φθορὰ ἡ πάλαι κατ' αὐτῶν ἰσχύουσα παραπωλώλει γὰρ ἂν τὸ τῶν ἀνθρώπων γένος, εἰ μὴ ὁ πάντων δεσπότης καὶ Σωτὴρ τοῦ Θεοῦ Υἱὸς παρεγεγόνει πρὸς τὸ τοῦ θανάτου τέλος

X. Πρέπον δὲ καὶ μάλιστα τῇ ἀγαθότητι τοῦ Θεοῦ ἀληθῶς τὸ μέγα τοῦτο ἔργον 1. Εἰ γὰρ βασιλεὺς κατασκευάσας οἰκίαν ἢ πόλιν, καὶ ταύτην ἐξ ἀμελείας τῶν ἐνοικούντων πολεμουμένην ὑπὸ λῃστῶν τὸ σύνολον οὐ παρορᾷ, ἀλλ' ὡς ἴδιον ἔργον ἐκδικεῖ καὶ περισώζει, οὐκ εἰς τὴν τῶν ἐνοικούντων ἀμέλειαν ἀφορῶν, ἀλλ' εἰς τὸ ἑαυτοῦ πρέπον· πολλῷ πλέον ὁ τοῦ παναγάθου Θεὸς Λόγος Πατρὸς, εἰς φθορὰν κατερχόμενον τὸ δι' αὐτοῦ γενόμενον τῶν ἀνθρώπων γένος οὐ παρεῖδεν· ἀλλὰ τὸν μὲν συμβεβηκότα θάνατον ἀπήλειψε διὰ τῆς προσφορᾶς τοῦ ἰδίου σώματος, τὴν δὲ ἀμέλειαν αὐτῶν διωρθώσατο τῇ ἑαυτοῦ διδασκαλίᾳ, πάντα τὰ τῶν ἀνθρώπων διὰ τῆς ἑαυτοῦ δυνάμεως κατορθώσας. 2. Ταῦτα δὲ καὶ παρὰ τῶν αὐτοῦ τοῦ Σωτῆρος θεολόγων ἀνδρῶν πιστοῦσθαί τις δύναται ἐντυγχάνων τοῖς ἐκείνων γράμμασιν, ᾗ φασιν "Ἡ γὰρ ἀγάπη τοῦ Χριστοῦ συνέχει ἡμᾶς κρίναν- " τας τοῦτο, ὅτι εἰ εἷς ὑπὲρ πάντων ἀπέθανεν, ἄρα " οἱ πάντες ἀπέθανον· καὶ ὑπὲρ πάντων ἀπέθανεν, " ἵνα ἡμεῖς μηκέτι ἑαυτοῖς ζῶμεν, ἀλλὰ τῷ ὑπὲρ " ἡμῶν ἀποθανόντι καὶ ἀναστάντι" ἐκ νεκρῶν, τῷ Κυρίῳ ἡμῶν Ἰησοῦ Χριστῷ· καὶ πάλιν "Τὸν δὲ " βραχύ τι παρ' ἀγγέλους ἠλαττωμένον βλέπομεν " Ἰησοῦν, διὰ τὸ πάθημα τοῦ θανάτου δόξῃ καὶ " τιμῇ ἐστεφανωμένον, ὅπως χάριτι Θεοῦ ὑπὲρ παν- " τὸς γεύσηται θανάτου." 3. Εἶτα καὶ τὴν αἰτίαν τοῦ μὴ ἄλλον δεῖν ἢ αὐτὸν τὸν Θεὸν Λόγον ἐνανθρωπῆσαι σημαίνει λέγων· "Ἔπρεπε γὰρ αὐτῷ δι' " ὃν τὰ πάντα, καὶ δι' οὗ τὰ πάντα, πολλοὺς υἱοὺς " εἰς δόξαν ἀγαγόντα, τὸν ἀρχηγὸν τῆς σωτηρίας " αὐτῶν διὰ παθημάτων τελειῶσαι·" τοῦτο δὲ σημαίνει λέγων, ὡς οὐκ ἄλλου ἦν ἀπὸ τῆς γενομένης φθορᾶς τοὺς ἀνθρώπους ἀνενεγκεῖν, ἢ τοῦ Θεοῦ Λόγου τοῦ καὶ κατὰ τὴν ἀρχὴν πεποιηκότος αὐτούς. 4. Ὅτι δὲ διὰ τὴν περὶ τῶν ὁμοίων σωμάτων θυσίαν, σῶμα καὶ αὐτὸς ὁ Λόγος ἔλαβεν ἑαυτῷ, καὶ τοῦτο σημαίνουσι λέγοντες, "Ἐπεὶ οὖν τὰ παιδία κεκοιν- " ώνηκεν αἵματος καὶ σαρκὸς, καὶ αὐτὸς παραπλησίως " μετέσχε τῶν αὐτῶν, ἵνα διὰ τοῦ θανάτου καταρ- " γήσῃ τὸν τὸ κράτος ἔχοντα τοῦ θανάτου, τουτέστι " τὸν διάβολον, καὶ ἀπαλλάξῃ τούτους, ὅσοι φόβῳ " θανάτου διὰ παντὸς τοῦ ζῆν ἔνοχοι ἦσαν δου- " λείας." 5. Τῇ γὰρ τοῦ ἰδίου σώματος θυσίᾳ καὶ τέλος ἐπέθηκε τῷ καθ' ἡμᾶς νόμῳ, καὶ ἀρχὴν ζωῆς ἡμῖν ἐκαίνισεν, ἐλπίδα τῆς ἀναστάσεως δεδωκώς·

ἐπειδὴ γὰρ ἐξ ἀνθρώπων εἰς ἀνθρώπους ὁ θάνατος ἐκράτησε, διὰ τοῦτο πάλιν διὰ τῆς ἐνανθρωπήσεως τοῦ Θεοῦ Λόγου ἡ τοῦ θανάτου κατάλυσις γέγονε, καὶ ἡ τῆς ζωῆς ἀνάστασις, λέγοντος τοῦ χριστοφόρου ἀνδρός· "ἐπειδὴ γὰρ δι' ἀνθρώπου θάνατος, καὶ δι' "ἀνθρώπου ἀνάστασις νεκρῶν. ὥσπερ γὰρ ἐν τῷ "Ἀδὰμ πάντες ἀποθνήσκουσιν, οὕτω καὶ ἐν τῷ "Χριστῷ πάντες ζωοποιηθήσονται" καὶ τὰ τούτοις ἀκόλουθα. οὐκέτι γὰρ νῦν ὡς κατακρινόμενοι ἀποθνήσκομεν, ἀλλ' ὡς ἐγειρόμενοι περιμένομεν τὴν κοινὴν πάντων ἀνάστασιν, ἣν καιροῖς ἰδίοις δείξει ὁ καὶ ταύτην ἐργασάμενος καὶ χαρισάμενος Θεός. 6. Αἰτία μὲν δὴ πρώτη τῆς ἐνανθρωπήσεως τοῦ Σωτῆρος αὕτη. γνοίη δ' ἄν τις αὐτοῦ τὴν ἀγαθὴν εἰς ἡμᾶς παρουσίαν εὐλόγως γεγενῆσθαι, καὶ ἐκ τούτων.

XI. Ὁ Θεὸς, ὁ πάντων ἔχων τὸ κράτος, ὅτε τὸ τῶν ἀνθρώπων γένος διὰ τοῦ ἰδίου Λόγου ἐποίει, κατιδὼν πάλιν τὴν ἀσθένειαν τῆς φύσεως αὐτῶν, ὡς οὐχ ἱκανὴ εἴη ἐξ ἑαυτῆς γνῶναι τὸν δημιουργὸν, οὐδ' ὅλως ἔννοιαν λαβεῖν Θεοῦ, τῷ τὸν μὲν εἶναι ἀγένητον, τὰ δὲ ἐξ οὐκ ὄντων γεγενῆσθαι, καὶ τὸν μὲν ἀσώματον εἶναι, τοὺς δὲ ἀνθρώπους κάτω που σώματι πεπλάσθαι, καὶ ὅλως πολλὴν εἶναι τὴν τῶν γενητῶν ἔλλειψιν πρὸς τὴν τοῦ πεποιηκότος κατάληψιν καὶ γνῶσιν· ἐλεήσας πάλιν τὸ γένος τὸ ἀνθρώπινον, ἅτε δὴ ἀγαθὸς ὤν, οὐκ ἀφῆκεν αὐτοὺς ἐρήμους τῆς ἑαυτοῦ γνώσεως, ἵνα μὴ ἀνόνητον ἔχωσι καὶ τὸ εἶναι. 2 Ποία γὰρ ὄνησις τοῖς πεποιημένοις μὴ γινώσκουσι τὸν ἑαυτῶν ποιητήν; ἢ πῶς ἂν εἶεν λογικοὶ μὴ γινώσκοντες τὸν τοῦ Πατρὸς Λόγον, ἐν ᾧ καὶ γεγόνασιν; οὐδὲν γὰρ οὐδὲ ἀλόγων διαφέρειν ἔμελλον, εἰ πλέον οὐδὲν τῶν περιγείων ἐπεγίνωσκον. τί δὲ καὶ ὁ Θεὸς

Which Sin corrupted and effaced. 17

ἐποίει τούτους, ἀφ' ὧν οὐκ ἠθέλησεν γινώσκεσθαι; 3. Ὅθεν ἵνα μὴ τοῦτο γένηται, ἀγαθὸς ὤν, τῆς ἰδίας εἰκόνος αὐτοῖς τοῦ Κυρίου ἡμῶν Ἰησοῦ Χριστοῦ μεταδίδωσι, καὶ ποιεῖ τούτους κατὰ τὴν ἑαυτοῦ εἰκόνα καὶ καθ' ὁμοίωσιν· ἵνα διὰ τῆς τοιαύτης χάριτος τὴν εἰκόνα νοοῦντες, λέγω δὴ τὸν τοῦ Πατρὸς Λόγον, δυνηθῶσιν ἔννοιαν δι' αὐτοῦ τοῦ Πατρὸς λαβεῖν, καὶ γινώσκοντες τὸν ποιητὴν, ζῶσι τὸν εὐδαίμονα καὶ μακάριον ὄντως βίον. 4. Ἀλλ' ἄνθρωποι πάλιν παράφρονες, καταλιγωρήσαντες καὶ οὕτω τῆς δοθείσης αὐτοῖς χάριτος, τοσοῦτον ἀπεστράφησαν τὸν Θεὸν, καὶ τοσοῦτον ἐθόλωσαν ἑαυτῶν τὴν ψυχὴν ὡς μὴ μόνον ἐπιλαθέσθαι τῆς περὶ Θεοῦ ἐννοίας, ἀλλὰ καὶ ἕτερα ἀνθ' ἑτέρων ἑαυτοῖς ἀναπλάσασθαι. εἴδωλά τε γὰρ ἀντὶ τῆς ἀληθείας ἑαυτοῖς ἀνετυπώσαντο, καὶ τὰ οὐκ ὄντα τοῦ ὄντος Θεοῦ προετίμησαν, τῇ κτίσει παρὰ τὸν κτίσαντα λατρεύοντες, καὶ τό γε χείριστον, ὅτι καὶ εἰς ξύλα, καὶ εἰς λίθους, καὶ εἰς πᾶσαν ὕλην καὶ ἀνθρώπους τὴν τοῦ Θεοῦ τιμὴν μετετίθουν, καὶ πλείονα τούτων ποιοῦντες, ὥσπερ ἐν[1] τοῖς ἔμπροσθεν εἴρηται. 5. Τοσοῦτον δὲ ἠσέβουν, ὅτι καὶ δαίμονας ἐθρήσκευον λοιπὸν καὶ θεοὺς ἀνηγόρευον, τὰς ἐπιθυμίας αὐτῶν ἀποπληροῦντες. θυσίας τε γὰρ ζώων ἀλόγων, καὶ ἀνθρώπων σφαγὰς, ὥσπερ εἴρηται πρότερον, εἰς τὸ ἐκείνων καθῆκον ἐπετέλουν, πλεῖον ἑαυτοὺς τοῖς ἐκείνων οἰστρήμασι καταδεσμεύοντες. 6. Διὰ τοῦτο γοῦν καὶ μαγεῖαι παρ' αὐτοῖς ἐδιδάσκοντο, καὶ μαντεῖα κατὰ τόπον τοὺς ἀνθρώπους ἐπλάνα, καὶ πάντες τὰ γενέσεως καὶ τοῦ εἶναι ἑαυτῶν τὰ αἴτια τοῖς ἄστροις καὶ τοῖς κατ' οὐρανὸν

[1] § 4. ἐν τοῖς ἔμπρ. See c. Gent., ix-xiv, and xxiv-xxvi.

18 God still shewed Himself to man in many ways.

πᾶσιν ἀνετίθουν, μηδὲν πλέον τῶν φαινομένων λογιζόμενοι. 7. Καὶ ὅλως πάντα ἦν ἀσεβείας καὶ παρανομίας μεστὰ, καὶ μόνος ὁ Θεὸς οὐδὲ ὁ τούτου Λόγος ἐπεγινώσκετο, καίτοι οὐκ ἀφανῆ ἑαυτὸν τοῖς ἀνθρώποις ἐπικρύψας, οὐδὲ ἁπλῆν τὴν περὶ ἑαυτοῦ γνῶσιν αὐτοῖς δεδωκὼς, ἀλλὰ καὶ ποικίλως καὶ διὰ πολλῶν αὐτὴν αὐτοῖς ἐφαπλώσας

XII. Αὐτάρκης μὲν γὰρ ἦν ἡ[1] κατ᾽ εἰκόνα χάρις γνωρίζειν τὸν Θεὸν Λόγον, καὶ δι᾽ αὐτοῦ τὸν Πατέρα· εἰδὼς δὲ ὁ Θεὸς τὴν ἀσθένειαν τῶν ἀνθρώπων, προενοήσατο καὶ τῆς ἀμελείας τούτων, ἵν᾽ ἐὰν ἀμελήσαιεν δι᾽ ἑαυτῶν τὸν Θεὸν ἐπιγνῶναι, ἔχωσι διὰ τῶν τῆς κτίσεως ἔργων τὸν δημιουργὸν μὴ ἀγνοεῖν. 2 Ἐπειδὴ δὲ ἡ ἀνθρώπων ἀμέλεια ἐπὶ τὰ χείρονα κατ᾽ ὀλίγον ἐπικαταβαίνει· προενοήσατο πάλιν ὁ Θεὸς καὶ τῆς τοιαύτης αὐτῶν ἀσθενείας, νόμον καὶ προφήτας τοὺς αὐτοῖς γνωρίμους ἀποστείλας, ἵνα ἐὰν καὶ εἰς τὸν οὐρανὸν ὀκνήσωσιν ἀναβλέψαι καὶ γνῶναι τὸν ποιητὴν, ἔχωσιν ἐκ τῶν ἐγγὺς τὴν διδασκαλίαν. ἄνθρωποι γὰρ παρὰ ἀνθρώπων ἐγγυτέρω δύνανται μαθεῖν περὶ τῶν κρειττόνων. 3. Ἐξὸν οὖν ἦν ἀναβλέψαντας αὐτοὺς εἰς τὸ μέγεθος τοῦ οὐρανοῦ, καὶ κατανοήσαντας τὴν τῆς κτίσεως ἁρμονίαν, γνῶναι τὸν ταύτης ἡγεμόνα τὸν τοῦ Πατρὸς Λόγον, τὸν τῇ ἑαυτοῦ εἰς πάντα προνοίᾳ γνωρίζοντα πᾶσι τὸν Πατέρα, καὶ διὰ τοῦτο τὰ ὅλα κινοῦντα, ἵνα δι᾽ αὐτοῦ πάντες γινώσκωσι τὸν Θεόν 4. Ἢ εἰ τοῦτο αὐτοῖς ἦν ὀκνηρὸν, κἂν τοῖς ἁγίοις δυνατὸν ἦν αὐτοὺς συντυγχάνειν, καὶ δι᾽ αὐτῶν μαθεῖν τὸν τῶν πάντων

---

[1] XII 1 ἡ κατ᾽ εἰκ Elsewhere, ἡ τοῦ κατ᾽ εἰκόνα χάρις, "the grace *of being* (made) in God's image."

But their minds had become sense-bound. 19

δημιουργὸν Θεὸν, τὸν τοῦ Χριστοῦ Πατέρα· καὶ ὅτι τῶν εἰδώλων ἡ θρησκεία ἀθεότης ἐστὶ καὶ πάσης ἀσεβείας μεστή. 5. Ἐξὸν δὲ ἦν αὐτοὺς καὶ τὸν νόμον ἐγνωκότας, παύσασθαι πάσης παρανομίας καὶ τὸν κατ᾽ ἀρετὴν ζῆσαι βίον· οὐδὲ γὰρ διὰ Ἰουδαίους μόνους ὁ νόμος ἦν οὐδὲ δι᾽ αὐτοὺς μόνους οἱ προφῆται ἐπέμποντο, ἀλλὰ πρὸς Ἰουδαίους μὲν ἐπέμποντο, καὶ παρὰ Ἰουδαίων ἐδιώκοντο· πάσης δὲ τῆς οἰκουμένης ἦσαν διδασκάλιον ἱερὸν τῆς περὶ Θεοῦ γνώσεως, καὶ τῆς κατὰ ψυχὴν πολιτείας 6. Τοσαύτης οὖν οὔσης τῆς τοῦ Θεοῦ ἀγαθότητος καὶ φιλανθρωπίας· ὅμως οἱ ἄνθρωποι νικώμενοι ταῖς παραυτίκα ἡδοναῖς, καὶ ταῖς παρὰ δαιμόνων φαντασίαις καὶ ἀπάταις, οὐκ ἀνένευσαν πρὸς τὴν ἀλήθειαν ἀλλ᾽ ἑαυτοὺς πλείοσι κακοῖς καὶ ἁμαρτήμασιν ἐνεφόρησαν, ὡς μηκέτι δοκεῖν αὐτοὺς λογικοὺς, ἀλλὰ ἀλόγους ἐκ τῶν τρόπων νομίζεσθαι

XIII. Οὕτω τοίνυν ἀλογωθέντων τῶν ἀνθρώπων, καὶ οὕτω τῆς δαιμονικῆς πλάνης ἐπισκιαζούσης τὰ πανταχοῦ, καὶ κρυπτούσης τὴν περὶ τοῦ ἀληθινοῦ Θεοῦ γνῶσιν, τί τὸν Θεὸν ἔδει ποιεῖν; σιωπῆσαι τὸ τηλικοῦτον, καὶ ἀφεῖναι τοὺς ἀνθρώπους ὑπὸ δαιμόνων πλανᾶσθαι, καὶ μὴ γινώσκειν αὐτοὺς τὸν Θεόν; 2. Καὶ τίς ἡ χρεία τοῦ ἐξ ἀρχῆς κατ᾽ εἰκόνα Θεοῦ γενέσθαι τὸν ἄνθρωπον; ἔδει γὰρ αὐτὸν ἁπλῶς ὡς ἄλογον γενέσθαι, ἢν γενόμενον λογικὸν τὴν τῶν ἀλόγων ζωὴν[1] βιοῦν. 3 Τίς δὲ ὅλως ἦν χρεία ἐννοίας αὐτὸν λαβεῖν περὶ Θεοῦ ἐξ ἀρχῆς; εἰ γὰρ οὐδὲ

---

[1] The Ben. text, supported by the Basle MS, etc, inserts μὴ It is wanting in two MSS, and two versions, and destroys the construction, ἔδει . . ἢ, for which see above, vi, 7.

νῦν ἄξιός ἐστι λαβεῖν, ἔδει μηδὲ κατὰ τὴν ἀρχὴν αὐτῷ δοθῆναι 4. Τί δὲ καὶ ὄφελος τῷ πεποιηκότι Θεῷ, ἢ ποία δόξα αὐτῷ ἂν εἴη, εἰ οἱ ὑπ' αὐτοῦ γενόμενοι ἄνθρωποι οὐ προσκυνοῦσιν αὐτῷ, ἀλλ' ἑτέρους εἶναι τοὺς πεποιηκότας αὐτοὺς νομίζουσιν; εὑρίσκεται γὰρ ὁ Θεὸς, ἑτέροις καὶ οὐχ ἑαυτῷ τούτους δημιουργήσας. 5. Εἶτα βασιλεὺς μὲν ἄνθρωπος ὢν, τὰς ὑπὸ αὐτοῦ κτισθείσας χώρας οὐκ ἀφίησιν ἐκδότους ἑτέροις δουλεύειν, οὐδὲ πρὸς ἄλλους καταφεύγειν· ἀλλὰ γράμμασιν αὐτοὺς ὑπομιμνήσκει, πολλάκις δὲ καὶ διὰ φίλων αὐτοῖς ἐπιστέλλει, εἰ δὲ καὶ χρεία γένηται, αὐτὸς παραγίνεται, τῇ παρουσίᾳ λοιπὸν αὐτοὺς δυσωπῶν· μόνον ἵνα μὴ ἑτέροις δουλεύσωσι, καὶ ἀργὸν αὐτοῦ τὸ ἔργον γένηται. 6 Οὐ πολλῷ πλέον ὁ Θεὸς τῶν ἑαυτοῦ κτισμάτων φείσεται πρὸς τὸ μὴ πλανηθῆναι ἀπ' αὐτοῦ, καὶ τοῖς οὐκ οὖσι δουλεύειν; μάλιστα ὅτι ἡ τοιαύτη πλάνη ἀπωλείας αὐτοῖς αἰτία καὶ ἀφανισμοῦ γίνεται, οὐκ ἔδει δὲ τὰ ἅπαξ κοινωνήσαντα τῆς τοῦ Θεοῦ εἰκόνος ἀπολέσθαι 7. Τί οὖν ἔδει ποιεῖν τὸν Θεόν; ἢ τί ἔδει γενέσθαι, ἀλλ' ἢ τὸ κατ' εἰκόνα πάλιν ἀνανεῶσαι, ἵνα δι' αὐτοῦ πάλιν αὐτὸν γνῶναι δυνηθῶσιν οἱ ἄνθρωποι; τοῦτο δὲ πῶς ἂν ἐγεγόνει, εἰ μὴ αὐτῆς τῆς τοῦ Θεοῦ εἰκόνος παραγενομένης τοῦ Σωτῆρος ἡμῶν Ἰησοῦ Χριστοῦ; δι' ἀνθρώπων μὲν γὰρ οὐκ ἦν δυνατὸν, ἐπεὶ καὶ αὐτοὶ κατ' εἰκόνα γεγόνασιν· ἀλλ' οὐδὲ δι' ἀγγέλων· οὐδὲ γὰρ οὐδὲ αὐτοί εἰσιν εἰκόνες. ὅθεν ὁ τοῦ Θεοῦ Λόγος δι' ἑαυτοῦ παρεγένετο, ἵν' ὡς εἰκὼν ὢν τοῦ Πατρὸς τὸν κατ' εἰκόνα ἄνθρωπον ἀνακτίσαι δυνηθῇ 8. Ἄλλως δὲ πάλιν οὐκ ἂν ἐγεγόνει, εἰ μὴ ὁ θάνατος ἦν καὶ ἡ φθορὰ ἐξαφανισθεῖσα. 9

Ὅθεν εἰκότως ἔλαβε σῶμα θνητὸν, ἵνα καὶ ὁ θάνατος ἐν αὐτῷ λοιπὸν ἐξαφανισθῆναι δυνηθῇ, καὶ οἱ κατ' εἰκόνα πάλιν ἀνακαινισθῶσιν ἄνθρωποι. οὐκοῦν ἑτέρου πρὸς ταύτην τὴν χρείαν οὐκ ἦν, εἰ μὴ τῆς εἰκόνος τοῦ Πατρός.

XIV. Ὡς γὰρ τῆς γραφείσης ἐν ξύλῳ μορφῆς παραφανισθείσης ἐκ τῶν ἔξωθεν ῥύπων, πάλιν χρεία τοῦτον παραγενέσθαι, οὗ καὶ ἔστιν ἡ μορφὴ, ἵνα ἀνακαινισθῆναι ἡ εἰκὼν δυνηθῇ ἐν τῇ αὐτῇ ὕλῃ· διὰ γὰρ τὴν ἐκείνου γραφὴν ἡ αὐτὴ καὶ ὕλη ἐν ᾗ καὶ γέγραπται, οὐκ ἐκβάλλεται, ἀλλ' ἐν αὐτῇ ἀνατυποῦται· 2. Κατὰ τοῦτο καὶ ὁ πανάγιος τοῦ Πατρὸς Υἱὸς, εἰκὼν ὢν τοῦ Πατρὸς, παρεγένετο ἐπὶ τοὺς ἡμετέρους τόπους, ἵνα τὸν κατ' αὐτὸν πεποιημένον ἄνθρωπον ἀνακαινίσῃ, καὶ ὡς ἀπολόμενον εὕρῃ διὰ τῆς τῶν ἁμαρτιῶν ἀφέσεως, ᾗ φησὶ καὶ αὐτὸς ἐν τοῖς Εὐαγγελίοις· "Ἦλθον τὸ ἀπολόμενον εὑρεῖν "καὶ σῶσαι." ὅθεν καὶ πρὸς τοὺς Ἰουδαίους ἔλεγεν, "Ἐὰν μή τις ἀναγεννηθῇ·" οὐ τὴν ἐκ γυναικῶν γέννησιν σημαίνων ὥσπερ ὑπενόουν ἐκεῖνοι, ἀλλὰ τὴν ἀναγεννωμένην καὶ ἀνακτιζομένην ψυχὴν ἐν τῷ κατ' εἰκόνα δηλῶν 3 Ἐπειδὴ δὲ καὶ εἰδωλομανία καὶ ἀθεότης κατεῖχε τὴν οἰκουμένην, καὶ ἡ περὶ Θεοῦ γνῶσις ἐκέκρυπτο· τίνος ἦν διδάξαι τὴν οἰκουμένην περὶ Πατρός; ἀνθρώπου φαίη τις ἄν; ἀλλ' οὐκ ἦν ἀνθρώπων ἐνὸν τὴν ὑφήλιον πᾶσαν ὑπελθεῖν, οὔτε τῇ φύσει τοσοῦτον ἰσχυόντων δραμεῖν, οὔτε ἀξιοπίστων περὶ τούτου δυναμένων γενέσθαι, οὔτε πρὸς τὴν τῶν δαιμόνων ἀπάτην καὶ φαντασίαν ἱκανῶν δι' ἑαυτῶν ἀντιστῆναι. 4. Πάντων γὰρ κατὰ ψυχὴν πληγέντων καὶ ταραχθέντων παρὰ τῆς δαιμονικῆς ἀπάτης, καὶ τῆς τῶν εἰδώλων ματαιότητος, πῶς οἷόν τε ἦν ἀνθρώπου ψυχὴν καὶ ἀνθρώπων νοῦν μεταπεῖσαι, ὅπουγε οὐδὲ ὁρᾶν αὐτοὺς δύνανται; ὃ δὲ μὴ ὁρᾷ τις, πῶς δύναται μεταπαιδεῦσαι· 5. Ἀλλ' ἴσως ἄν τις εἴποι τὴν κτίσιν ἀρκεῖσθαι; ἀλλ' εἰ ἡ κτίσις ἤρκει, οὐκ ἂν ἐγεγόνει τὰ τηλικαῦτα κακά. ἦν γὰρ καὶ ἡ κτίσις· καὶ οὐδὲν ἧττον οἱ ἄνθρωποι ἐν τῇ αὐτῇ περὶ Θεοῦ πλάνῃ ἐκυλίοντο. 6 Τίνος οὖν ἦν πάλιν χρεία, ἢ τοῦ Θεοῦ Λόγου τοῦ καὶ ψυχὴν καὶ νοῦν ὁρῶντος, τοῦ καὶ τὰ ὅλα ἐν τῇ κτίσει κινοῦντος, καὶ δι' αὐτῶν γνωρίζοντος τὸν Πατέρα; τοῦ γὰρ διὰ τῆς ἰδίας προνοίας καὶ διακοσμήσεως τῶν ὅλων διδάσκοντος περὶ τοῦ Πατρὸς, αὐτοῦ ἦν καὶ τὴν αὐτὴν διδασκαλίαν ἀνανεῶσαι. 7. Πῶς οὖν ἂν ἐγεγόνει τοῦτο, ἴσως ἄν τις εἴποι ὅτι ἐξὸν ἦν διὰ τῶν αὐτῶν, ὥστε πάλιν διὰ τῶν τῆς κτίσεως ἔργων τὰ περὶ αὐτοῦ δεῖξαι. ἀλλ' οὐκ ἦν ἀσφαλὲς ἔτι τοῦτο. οὐχί γε· παρεῖδον γὰρ τοῦτο πρότερον οἱ ἄνθρωποι, καὶ οὐκέτι μὲν ἄνω, κάτω δὲ τοὺς ὀφθαλμοὺς ἐσχήκασιν 8 Ὅθεν εἰκότως ἀνθρώπους θέλων ὠφελῆσαι, ὡς ἄνθρωπος ἐπιδημεῖ, λαμβάνων ἑαυτῷ σῶμα ὅμοιον ἐκείνοις, καὶ ἐκ τῶν κάτω·[1] λέγω δὴ διὰ τῶν τοῦ σώματος ἔργων· ἵνα οἱ μὴ θελήσαντες αὐτὸν γνῶναι ἐκ τῆς εἰς τὰ ὅλα προνοίας καὶ ἡγεμονίας αὐτοῦ, κἂν ἐκ τῶν δι' αὐτοῦ τοῦ σώματος ἔργων γνώσωνται τὸν ἐν τῷ σώματι τοῦ Θεοῦ Λόγον, καὶ δι' αὐτοῦ τὸν Πατέρα.

---

[1] XIV 8 ἐκ τῶν ... ἔργων There is no verb "*He teaches* them by the things of sense,—viz., by the works of His Body." The verb must be supplied from the sense of γνώσωνται, below

XV. Ὡς γὰρ ἀγαθὸς διδάσκαλος κηδόμενος τῶν ἑαυτοῦ μαθητῶν, τοὺς μὴ δυναμένους ἐκ τῶν μειζόνων ὠφεληθῆναι, πάντως διὰ τῶν εὐτελεστέρων συγκαταβαίνων αὐτοὺς παιδεύει· οὕτως καὶ ὁ τοῦ Θεοῦ Λόγος, καθὼς καὶ ὁ Παῦλός φησι· "ἐπειδὴ γὰρ ἐν "τῇ σοφίᾳ τοῦ Θεοῦ οὐκ ἔγνω ὁ κόσμος διὰ τῆς "σοφίας τὸν Θεόν· εὐδόκησεν ὁ Θεὸς διὰ τῆς μωρίας "τοῦ κηρύγματος σῶσαι τοὺς πιστεύοντας." 2. Ἐπειδὴ γὰρ οἱ ἄνθρωποι ἀποστραφέντες τὴν πρὸς τὸν Θεὸν θεωρίαν, καὶ ὡς ἐν βυθῷ βυθισθέντες κάτω τοὺς ὀφθαλμοὺς ἔχοντες, ἐν γενέσει καὶ τοῖς αἰσθητοῖς τὸν Θεὸν ἀνεζήτουν, ἀνθρώπους θνητοὺς καὶ δαίμονας ἑαυτοῖς θεοὺς ἀνατυπούμενοι· τούτου ἕνεκα ὁ φιλάνθρωπος καὶ κοινὸς πάντων Σωτήρ, ὁ τοῦ Θεοῦ Λόγος, λαμβάνει ἑαυτῷ σῶμα, καὶ ὡς ἄνθρωπος ἐν ἀνθρώποις ἀναστρέφεται, καὶ τὰς αἰσθήσεις πάντων ἀνθρώπων προσλαμβάνει,[1] ἵνα οἱ ἐν σωματικοῖς νοοῦντες εἶναι τὸν Θεόν, ἀφ' ὧν ὁ Κύριος ἐργάζεται διὰ τῶν τοῦ σώματος ἔργων, ἀπ' αὐτῶν νοήσωσι τὴν ἀλήθειαν, καὶ δι' αὐτοῦ τὸν Πατέρα λογίσωνται. 3. Ἄνθρωποι δὲ ὄντες καὶ ἀνθρώπινα πάντα νοοῦντες, οἷς ἐὰν ἐπέβαλον τὰς ἑαυτῶν αἰσθήσεις, ἐν τούτοις προσλαμβανομένους ἑαυτοὺς ἑώρων, καὶ πανταχόθεν διδασκομένους τὴν ἀλήθειαν. 4 Εἴτε γὰρ εἰς τὴν κτίσιν ἐπτόηντο, ἀλλ' ἑώρων αὐτὴν ὁμολογοῦσαν τὸν Χριστὸν Κύριον· εἴτε εἰς ἀνθρώπους ἦν αὐτῶν ἡ διάνοια προληφθεῖσα,[2] ὥστε τούτους θεοὺς νομίζειν,

---

[1] προσλαμβάνει, §§ 2, 3, "attracts to himself," or "meets halfway." The objects to which men's senses were rivetted were made the means of raising them above the things of sense

[2] § 4. προληφθ "biassed," "preoccupied."

ἀλλ' ἐκ τῶν ἔργων τοῦ Σωτῆρος, συγκρινόντων γε[1] ἐκείνων, ἐφαίνετο ἐν ἀνθρώποις μόνος ὁ Σωτὴρ Θεοῦ Υἱός· οὐκ ὄντων παρ' ἐκείνοις τοιούτων ὁποῖα παρὰ τοῦ Θεοῦ Λόγου γέγονεν. 5. Εἰ δὲ καὶ εἰς δαίμονας ἦσαν προληφθέντες, ἀλλὰ ὁρῶντες αὐτοὺς διωκομένους ὑπὸ τοῦ Κυρίου, ἐγίνωσκον μόνον εἶναι τοῦτον τὸν τοῦ Θεοῦ Λόγον, καὶ οὐκ εἶναι θεοὺς τοὺς δαίμονας. 6. Εἰ δὲ καὶ εἰς νεκροὺς ἤδη τούτων ἦν ὁ νοῦς κατασχεθεὶς, ὥστε θρησκεύειν ἥρωας, καὶ τοὺς παρὰ ποιηταῖς λεγομένους θεούς· ἀλλ' ὁρῶντες τὴν τοῦ Σωτῆρος ἀνάστασιν, ὡμολόγουν ἐκείνους εἶναι ψευδεῖς, καὶ μόνον τὸν Κύριον ἀληθινὸν τὸν τοῦ Πατρὸς Λόγον, τὸν καὶ τοῦ θανάτου κυριεύοντα. 7. Διὰ τοῦτο καὶ γεγένηται, καὶ ἄνθρωπος ἐφάνη, καὶ ἀπέθανε, καὶ ἀνέστη, ἀμβλύνας καὶ ἐπισκιάσας τὰ τῶν πώποτε γενομένων ἀνθρώπων διὰ τῶν ἰδίων ἔργων, ἵνα ὅπου δ' ἂν ὦσι προληφθέντες οἱ ἄνθρωποι, ἐκεῖθεν αὐτοὺς ἀνακάλῃ, καὶ διδάξῃ τὸν ἀληθινὸν ἑαυτοῦ Πατέρα, καθάπερ καὶ αὐτός φησιν, "ἦλθον σῶσαι καὶ εὑρεῖν τὸ "ἀπολωλός."

XVI. Ἅπαξ γὰρ εἰς αἰσθητὰ πεσούσης τῆς διανοίας τῶν ἀνθρώπων, ὑπέβαλεν ἑαυτὸν διὰ σώματος φανῆναι ὁ Λόγος, ἵνα μετενέγκῃ εἰς ἑαυτὸν ὡς ἄνθρωπος τοὺς ἀνθρώπους, καὶ τὰς αἰσθήσεις αὐτῶν εἰς ἑαυτὸν ἀποκλίνῃ, καὶ λοιπὸν ἐκείνους ὡς ἄνθρωπον αὐτὸν ὁρῶντας, δι' ὧν ἐργάζεται ἔργων, πείσῃ μὴ εἶναι ἑαυτὸν ἄνθρωπον μόνον, ἀλλὰ καὶ Θεὸν καὶ Θεοῦ ἀληθινοῦ Λόγον καὶ Σοφίαν. 2. Τοῦτο καὶ ὁ Παῦλος βουλόμενος σημᾶναι, φησίν· "ἐν ἀγάπῃ "ἐρριζωμένοι καὶ τεθεμελιωμένοι, ἵνα ἐξισχύσητε κα-

---

[1] γε. Adopted by Marriott from the Bodl. MS. for the Ben. τε.

The Incarnation completes God's self-witness. 25

"ταλαβέσθαι σὺν πᾶσι τοῖς ἁγίοις, τί τὸ πλάτος
"καὶ μῆκος, καὶ ὕψος καὶ βάθος, γνῶναί τε τὴν
"ὑπερβάλλουσαν τῆς γνώσεως ἀγάπην τοῦ Χριστοῦ·
"ἵνα πληρωθῆτε εἰς πᾶν τὸ πλήρωμα τοῦ Θεοῦ." 3 Πανταχοῦ γὰρ τοῦ Λόγου ἑαυτὸν ἁπλώσαντος,[1] καὶ ἄνω καὶ κάτω, καὶ εἰς τὸ βάθος καὶ εἰς τὸ πλάτος· ἄνω μὲν εἰς τὴν κτίσιν, κάτω δὲ εἰς τὴν ἐνανθρώπησιν, εἰς βάθος δὲ εἰς τὸν ᾅδην, εἰς πλάτος δὲ εἰς τὸν κόσμον· τὰ πάντα τῆς περὶ Θεοῦ γνώσεως πεπλήρωται 4. Διὰ δὲ τοῦτο, οὐδὲ παρ' αὐτὰ[2] παραγενόμενος, τὴν θυσίαν τὴν ὑπὲρ πάντων ἐπετέλει παραδιδοὺς τὸ σῶμα τῷ θανάτῳ, καὶ ἀνιστῶν αὐτὸ, ἀφανῆ ἑαυτὸν διὰ τούτου ποιῶν[3] ἀλλὰ καὶ ἐμφανῆ ἑαυτὸν διὰ τούτου καθίστη διαμένων ἐν αὐτῷ καὶ τοιαῦτα τελῶν ἔργα καὶ σημεῖα διδοὺς, ἃ μηκέτι ἄνθρωπον, ἀλλὰ Θεὸν Λόγον αὐτὸν ἐγνώριζον 5. Ἀμφότερα γὰρ ἐφιλανθρωπεύετο ὁ Σωτὴρ διὰ τῆς ἐνανθρωπήσεως, ὅτι καὶ τὸν θάνατον ἐξ ἡμῶν ἠφάνιζε, καὶ ἀνεκαίνιζεν ἡμᾶς· καὶ ὅτι ἀφανὴς ὢν καὶ ἀόρατος, διὰ τῶν ἔργων ἐνέφαινε, καὶ ἐγνώριζεν ἑαυτὸν εἶναι τὸν Λόγον τοῦ Πατρὸς, τὸν τοῦ παντὸς ἡγεμόνα καὶ βασιλέα.

XVII. Οὐ γὰρ δὴ περικεκλεισμένος ἦν ἐν τῷ σώματι· οὐδὲ ἐν σώματι μὲν ἦν, ἀλλαχόσε δὲ οὐκ ἦν. οὐδὲ ἐκεῖνο μὲν ἐκίνει, τὰ ὅλα δὲ τῆς τούτου ἐνεργείας καὶ προνοίας κεκένωτο· ἀλλὰ τὸ παραδοξότατον, Λόγος ὤν, οὐ συνείχετο μὲν ὑπό τινος· συνεῖχε δὲ τὰ πάντα μᾶλλον αὐτός· καὶ ὥσπερ ἐν πάσῃ τῇ

---

[1] § 3 ἁπλώσαντος, "having unfolded," or "revealed himself."
[2] παρ' αὐτὰ παρ. Immediately upon his Coming
[3] ποιῶν. Understand ἄν. "He would thus have made," etc.

26 The Word Incarnate still Omnipresent,

κτίσει ὤν, ἐκτὸς μέν ἐστι τοῦ παντὸς κατ' οὐσίαν,[1] ἐν πᾶσι δέ ἐστι ταῖς ἑαυτοῦ δυνάμεσι, τὰ πάντα διακοσμῶν, καὶ εἰς πάντα ἐν πᾶσι τὴν ἑαυτοῦ πρόνοιαν ἐφαπλῶν, καὶ ἕκαστον καὶ πάντα ὁμοῦ ζωοποιῶν, περιέχων τὰ ὅλα καὶ μὴ περιεχόμενος, ἀλλ' ἐν μόνῳ τῷ ἑαυτοῦ Πατρὶ ὅλος ὢν κατὰ πάντα. 2. Οὕτω καὶ ἐν τῷ ἀνθρωπίνῳ σώματι ὤν, καὶ αὐτὸς ζωοποιῶν, εἰκότως ἐζωοποίει καὶ τὰ ὅλα καὶ ἐν τοῖς πᾶσιν ἐγίνετο, καὶ ἔξω τῶν ὅλων ἦν. καὶ ἀπὸ τοῦ σώματος δὲ διὰ τῶν ἔργων γνωριζόμενος, οὐκ ἀφανὴς ἦν καὶ ἀπὸ τῆς τῶν ὅλων ἐνεργείας. 3. Ψυχῆς μὲν οὖν ἔργον ἐστι, θεωρεῖν μὲν καὶ τὰ ἔξω τοῦ ἰδίου σώματος τοῖς λογισμοῖς, οὐ μὴν καὶ ἔξωθεν τοῦ ἰδίου σώματος ἐνεργεῖν, ἢ τὰ τούτου μακρὰν τῇ παρουσίᾳ κινεῖν. οὐδέποτε γοῦν ἄνθρωπος διανοούμενος τὰ μακρὰν, ἤδη καὶ ταῦτα κινεῖ καὶ μεταφέρει· οὐδὲ εἰ ἐπὶ τῆς ἰδίας οἰκίας καθέζοιτό τις καὶ λογίζοιτο τὰ ἐν οὐρανῷ, ἤδη καὶ τὸν ἥλιον κινεῖ, καὶ τὸν οὐρανὸν περιστρέφει. ἀλλ' ὁρᾷ μὲν αὐτὰ κινούμενα καὶ γεγονότα, οὐ μὴν ὥστε ἐργάζεσθαι αὐτὰ δυνατὸς τυγχάνει. 4. Οὐ δὴ τοιοῦτος ἦν ὁ τοῦ Θεοῦ Λόγος ἐν τῷ Ἀνθρώπῳ· οὐ γὰρ[2] συνεδέδετο τῷ σώματι, ἀλλὰ μᾶλλον αὐτὸς ἐκράτει τοῦτο, ὥστε καὶ ἐν τούτῳ ἦν καὶ ἐν τοῖς πᾶσιν ἐτύγχανε, καὶ ἔξω τῶν ὄντων ἦν, καὶ ἐν μόνῳ τῷ Πατρὶ ἀνεπαύετο. 5. Καὶ τὸ θαυμαστὸν τοῦτο ἦν, ὅτι καὶ ὡς ἄνθρωπος ἐπολιτεύετο,

---

[1] § 1. κατ' οὐσίαν. The Word is a distinct Being from the Universe, but his Presence in it is the principle which gives it movement and order (see below, § 6).

[2] §§ 4, 5. The same insisted on below, xliii, 6. So St. Leo, "Humana augens, divina non minuens" (*Ep.* 28, *ad Flav*.).

Acting at once as God and as man. 27

καὶ ὡς Λόγος τὰ πάντα ἐζωογόνει, καὶ ὡς Υἱὸς τῷ Πατρὶ συνῆν. ὅθεν οὐδὲ τῆς Παρθένου τικτούσης ἔπασχεν αὐτός, οὐδὲ ἐν σώματι ὢν ἐμολύνετο· ἀλλὰ μᾶλλον καὶ τὸ σῶμα ἡγίαζεν. 6. Οὐδὲ γὰρ ἐν τοῖς πᾶσιν ὤν, τῶν πάντων μεταλαμβάνει, ἀλλὰ πάντα μᾶλλον ὑπ' αὐτοῦ ζωογονεῖται καὶ τρέφεται 7. Εἰ γὰρ καὶ ἥλιος ὁ ὑπ' αὐτοῦ γενόμενος καὶ ὑφ' ἡμῶν ὁρώμενος, περιπολῶν ἐν οὐρανῷ, οὐ ῥυπαίνεται τῶν ἐπὶ γῆς σωμάτων ἁπτόμενος, οὐδὲ ὑπὸ σκότους ἀφανίζεται, ἀλλὰ μᾶλλον αὐτὸς καὶ ταῦτα φωτίζει καὶ καθαρίζει· πολλῷ πλέον ὁ πανάγιος τοῦ Θεοῦ Λόγος, ὁ καὶ τοῦ ἡλίου ποιητὴς καὶ Κύριος, ἐν σώματι γνωριζόμενος οὐκ ἐρρυπαίνετο· ἀλλὰ μᾶλλον ἄφθαρτος ὤν, καὶ τὸ σῶμα θνητὸν τυγχάνον ἔζωο ποίει καὶ ἐκαθάριζεν. "Ὃς ἁμαρτίαν" γάρ φησιν "οὐκ ἐποίησεν, οὐδὲ εὑρέθη δόλος ἐν τῷ στόματι "αὐτοῦ."

XVIII. Ὅταν τοίνυν ἐσθίοντα καὶ τικτόμενον αὐτὸν λέγωσιν οἱ περὶ τούτου θεολόγοι, γίνωσκε ὅτι τὸ μὲν σῶμα, ὡς σῶμα, ἐτίκτετο καὶ καταλλήλοις ἐτρέφετο τροφαῖς, αὐτὸς δὲ ὁ συνὼν τῷ σώματι Θεὸς Λόγος τὰ πάντα διακοσμῶν, καὶ δι' ὧν εἰργάζετο ἐν τῷ σώματι οὐκ ἄνθρωπον ἑαυτόν, ἀλλὰ Θεὸν Λόγον ἐγνώριζεν. λέγεται δὲ περὶ αὐτοῦ ταῦτα, ἐπειδὴ καὶ τὸ σῶμα ἐσθίον καὶ τικτόμενον καὶ πάσχον, οὐχ ἑτέρου τινός,[1] ἀλλὰ τοῦ Κυρίου ἦν· καὶ ὅτι ἀνθρώπου γενομένου, ἔπρεπε καὶ ταῦτα ὡς περὶ

---

[1] XVIII 1 οὐχ ἑτ. By virtue of the Unity of Person (Hypostatic Union), the actions of the Man are those of the Word, and *vice versâ*, the Person of the Son is the "Principium quod agit"—either Nature the "Principium quo agit"

ἀνθρώπου λέγεσθαι, ἵνα ἀληθεία καὶ μὴ φαντασία σῶμα ἔχων φαίνηται 2. Ἀλλ' ὥσπερ ἐκ τούτων ἐγινώσκετο σωματικῶς παρὼν, οὕτως ἐκ τῶν ἔργων ὧν ἐποίει διὰ τοῦ σώματος, Υἱὸν Θεοῦ ἑαυτὸν ἐγνώριζεν. ὅθεν καὶ πρὸς τοὺς ἀπίστους Ἰουδαίους ἐβόα λέγων· " εἰ οὐ ποιῶ τὰ ἔργα τοῦ Πατρός μου, μὴ πιστεύετέ " μοι· εἰ δὲ ποιῶ, κἂν ἐμοὶ μὴ πιστεύητε, τοῖς ἔργοις " μου πιστεύσατε· ἵνα γνῶτε καὶ γινώσκητε, ὅτι ἐν " ἐμοὶ ὁ Πατὴρ κἀγὼ ἐν τῷ Πατρί." 3. Ὡς γὰρ ἀόρατος ὢν, ἀπὸ τῶν τῆς κτίσεως ἔργων γινώσκεται· οὕτως ἄνθρωπος γενόμενος, καὶ ἐν σώματι μὴ ὁρώμενος, ἐκ τῶν ἔργων ἂν γνωσθείη, ὅτι οὐκ ἄνθρωπος ἀλλὰ Θεοῦ δύναμις καὶ Λόγος ἐστὶν ὁ ταῦτα ἐργαζόμενος. 4. Τὸ γὰρ ἐπιτάσσειν αὐτὸν τοῖς δαίμοσι, κἀκείνους ἀπελαύνεσθαι, οὐκ ἀνθρώπινον ἀλλὰ θεῖόν ἐστι τὸ ἔργον. ἢ τίς ἰδὼν αὐτὸν τὰς νόσους ἰώμενον, ἐν αἷς ὑπόκειται[1] τὸ ἀνθρώπινον γένος, ἔτι ἄνθρωπον καὶ οὐ Θεὸν ἡγεῖτο; λεπροὺς γὰρ ἐκαθάριζε, χωλοὺς περεπατεῖν ἐποίει, κωφῶν τὴν ἀκοὴν ἤνοιγε, τυφλοὺς ἀναβλέπειν ἐποιει, καὶ πάσας ἁπλῶς νόσους καὶ μαλακίας πάσας ἀπήλαυνεν ἀπὸ τῶν ἀνθρώπων, ἀφ' ὧν ἦν αὐτοῦ καὶ τὸν τυχόντα τὴν θεότητα θεωρεῖν. τίς γὰρ ἰδὼν αὐτὸν ἀποδιδόντα τὸ λεῖπον, οἷς ἡ γένεσις ἐνέλειψε, καὶ τοῦ ἐκ γενετῆς τυφλοῦ τοὺς ὀφθαλμοὺς ἀνοίγοντα, οὐκ ἂν ἐνενόησε τὴν ἀνθρώπων ὑποκειμένην αὐτῷ γένεσιν, καὶ ταύτης εἶναι δημιουργὸν τοῦτον καὶ ποιητήν; ὁ γὰρ τὸ μὴ ὃ ἐκ γενέσεως ἔσχεν ὁ ἄνθρωπος ἀποδιδούς, δῆλος ἂν εἴη πάντως, ὅτι Κύριος οὗτός ἐστι καὶ τῆς γενέσεως τῶν ἀνθρώπων.

---

[1] § 4 ὑποκ "is"—(nearly=ὑπάρχει). ὑποκειμένην, below, has its etym meaning of "being subjected to" (Mar.)

5 Διὰ τοῦτο καὶ ἐν ἀρχῇ κατερχόμενος πρὸς ἡμᾶς, ἐκ παρθένου πλάττει ἑαυτῷ τὸ σῶμα, ἵνα μὴ μικρὸν τῆς θεότητος αὐτοῦ γνώρισμα πᾶσι παράσχῃ, ὅτι ὁ τοῦτο πλάσας αὐτός ἐστι καὶ τῶν ἄλλων ποιητής. τίς γὰρ ἰδὼν χωρὶς ἀνδρὸς ἐκ παρθένου μόνης προερχόμενον σῶμα, οὐκ ἐνθυμεῖται τὸν ἐν τούτῳ φαινόμενον εἶναι καὶ τῶν ἄλλων σωμάτων ποιητὴν καὶ Κύριον; 6. Τίς δὲ ἰδὼν καὶ τὴν ὑδάτων ἀλλασσομένην οὐσίαν, καὶ εἰς οἶνον μεταβαλοῦσαν, οὐκ ἐννοεῖ τὸν τοῦτο ποιήσαντα Κύριον εἶναι καὶ κτίστην τῆς τῶν ὅλων ὑδάτων οὐσίας; διὰ τοῦτο γὰρ ὡς δεσπότης ἐπέβαινε καὶ τῇ θαλάσσῃ, καὶ περιεπάτει ὡς ἐπὶ γῆς, γνώρισμα τῆς ἐπὶ πάντα δεσποτείας αὐτοῦ τοῖς ὁρῶσι παρέχων. τρέφων δὲ καὶ ἐξ ὀλίγων τοσοῦτον πλῆθος, καὶ ἐξ ἀπόρων εὐπορῶν αὐτός, ὥστε ἀπὸ πέντε ἄρτων πεντακισχιλίους κορεσθῆναι, καὶ ἄλλο τοσοῦτο καταλεῖψαι, οὐδὲν ἕτερον ἢ αὐτὸν εἶναι καὶ τὸν τῆς ὅλων προνοίας Κύριον ἐγνώριζεν;

XIX. Ταῦτα δὲ πάντα ποιεῖν τῷ Σωτῆρι καλῶς ἔχειν ἐδόκει· ἵν' ἐπειδὴ τὴν ἐν τοῖς πᾶσιν αὐτοῦ πρόνοιαν ἠγνόησαν οἱ ἄνθρωποι, καὶ οὐ κατενόησαν τὴν διὰ τῆς κτίσεως αὐτοῦ θεότητα, κἂν ἐκ τῶν διὰ τοῦ σώματος ἔργων αὐτοῦ ἀναβλέψωσι, καὶ ἔννοιαν λάβωσι δι' αὐτοῦ τῆς εἰς τὸν Πατέρα γνώσεως, ἐκ τῶν κατὰ μέρος τὴν εἰς τὰ ὅλα αὐτοῦ πρόνοιαν, ὡς προεῖπον, ἀναλογιζόμενοι. 2. Τίς γὰρ ἰδὼν αὐτοῦ τὴν κατὰ δαιμόνων ἐξουσίαν, ἢ τίς ἰδὼν τοὺς δαίμονας ὁμολογοῦντας εἶναι τούτων αὐτὸν Κύριον, ἔτι τὴν διάνοιαν ἀμφίβολον ἕξει, εἰ οὗτός ἐστιν ὁ τοῦ Θεοῦ Υἱὸς καὶ ἡ Σοφία, καὶ ἡ Δύναμις. 3. Οὐδὲ γὰρ τὴν κτίσιν αὐτὴν σιωπῆσαι πεποίηκεν, ἀλλὰ τό γε θαυ-

30 Reasons for the Incarnation summed up.

μαστὸν, καὶ ἐν τῷ θανάτῳ, μᾶλλον δὲ ἐν αὐτῷ τῷ κατὰ τοῦ θανάτου τροπαίῳ, λέγω δὴ τῷ σταυρῷ, πᾶσα ἡ κτίσις ὡμολόγει τὸν ἐν τῷ σώματι γνωριζόμενον καὶ πάσχοντα, οὐχ ἁπλῶς εἶναι ἄνθρωπον, ἀλλὰ Θεοῦ Υἱὸν καὶ Σωτῆρα πάντων. ὅ τε γὰρ ἥλιος ἀπεστράφη, καὶ ἡ γῆ ἐσείετο, καὶ τὰ ὄρη ἐρρήγνυτο, πάντες κατέπτησσον· ταῦτα δὲ τὸν μὲν ἐν τῷ σταυρῷ Χριστὸν Θεὸν ἐδείκνυον, τὴν δὲ κτίσιν πᾶσαν τούτου δούλην εἶναι, καὶ μαρτυροῦσαν τῷ φόβῳ τὴν τοῦ δεσπότου παρουσίαν. 4 Οὕτω μὲν οὖν ὁ Θεὸς Λόγος διὰ τῶν ἔργων ἑαυτὸν ἐνεφάνιζε τοῖς ἀνθρώποις. ἀκόλουθον δ' ἂν εἴη καὶ τὸ τέλος τῆς ἐν σώματι διαγωγῆς καὶ περιπολήσεως αὐτοῦ διηγήσασθαι καὶ εἰπεῖν, καὶ ὁποῖος γέγονεν ὁ τοῦ σώματος θάνατος· μάλιστα ὅτι τὸ κεφάλαιον τῆς πίστεως ἡμῶν ἐστὶ τοῦτο, καὶ πάντες ἁπλῶς ἄνθρωποι περὶ τούτου θρυλλοῦσιν· ἵνα γνῷς ὅτι καὶ ἐκ τούτου μᾶλλον οὐδὲν ἧττον γινώσκεται Θεὸς ὁ Χριστὸς καὶ τοῦ Θεοῦ Υἱός.

XX. Τὴν μὲν οὖν αἰτίαν τῆς σωματικῆς ἐπιφανείας αὐτοῦ, ὡς οἷόν τε ἦν, ἐκ μέρους, καὶ ὡς ἡμεῖς ἠδυνήθημεν νοῆσαι, προείπομεν, ὅτι οὐκ ἄλλου ἦν τὸ φθαρτὸν εἰς ἀφθαρσίαν μεταβαλεῖν, εἰ μὴ αὐτοῦ τοῦ Σωτῆρος, τοῦ καὶ τὴν ἀρχὴν ἐξ οὐκ ὄντων πεποιηκότος τὰ ὅλα· καὶ οὐκ ἄλλου ἦν, τὸ κατ' εἰκόνα πάλιν ἀνακτίσαι τοῖς ἀνθρώποις, εἰ μὴ τῆς Εἰκόνος τοῦ Πατρός· καὶ οὐκ ἄλλου ἦν τὸ θνητὸν ἀθάνατον παραστῆσαι, εἰ μὴ τῆς αὐτοζωῆς οὔσης τοῦ Κυρίου ἡμῶν Ἰησοῦ Χριστοῦ· καὶ οὐκ ἄλλου ἦν περὶ Πατρὸς διδάξαι, καὶ τὴν εἰδώλων καθαιρῆσαι θρησκείαν, εἰ μὴ τοῦ τὰ πάντα διακοσμοῦντος Λόγου, καὶ μόνου τοῦ Πατρὸς ὄντος Υἱοῦ μονογενοῦς ἀληθινοῦ. 2. Ἐπειδὴ

The Reasons for the Lord's Death

δὲ καὶ τὸ ὀφειλόμενον παρὰ πάντων ἔδει λοιπὸν ἀποδοθῆναι· ὠφείλετο γὰρ πάντας, ὡς[1] προεῖπον, ἀποθανεῖν, δι' ὃ μάλιστα καὶ ἐπεδήμησεν τούτου ἕνεκεν μετὰ τὰς περὶ τῆς θεότητος αὐτοῦ ἐκ τῶν ἔργων ἀποδείξεις, ἤδη λοιπὸν καὶ ὑπὲρ πάντων τὴν θυσίαν ἀνέφερεν, ἀντὶ πάντων τὸν ἑαυτοῦ ναὸν εἰς θάνατον παραδιδοὺς, ἵνα τοὺς μὲν πάντας ἀνυπευθύνους καὶ ἐλευθέρους τῆς ἀρχαίας παραβάσεως ποιήσῃ· δείξῃ δὲ ἑαυτὸν καὶ θανάτου κρείττονα, ἀπαρχὴν τῆς τῶν ὅλων ἀναστάσεως τὸ ἴδιον σῶμα ἄφθαρτον ἐπιδεικνύμενος. 3. Καὶ μήτοι θαυμάσῃς εἰ πολλάκις τὰ αὐτὰ περὶ τῶν αὐτῶν λέγομεν. ἐπειδὴ γὰρ περὶ τῆς εὐδοκίας τοῦ Θεοῦ λαλοῦμεν, διὰ τοῦτο τὸν αὐτὸν νοῦν διὰ πλειόνων ἑρμηνεύομεν, μὴ ἄρα τι παραλιμπάνειν δόξωμεν, καὶ ἔγκλημα γένηται ὡς ἐνδεῶς εἰρηκόσιν· καὶ γὰρ βέλτιον ταυτολογίας μέμψιν ὑποστῆναι, ἢ παραλεῖψαί τι τῶν ὀφειλόντων γραφῆναι. 4. Τὸ μὲν οὖν σῶμα, ὡς καὶ αὐτὸ κοινὴν ἔχον τοῖς πᾶσι τὴν οὐσίαν· σῶμα γὰρ ἦν ἀνθρώπινον· εἰ καὶ καινοτέρῳ θαύματι συνέστη ἐκ παρθένου μόνης, ὅμως θνητὸν ὂν κατὰ ἀκολουθίαν τῶν ὁμοίων καὶ ἀπέθνησκε· τῇ δὲ τοῦ Λόγου εἰς αὐτὸ ἐπιβάσει, οὐκέτι κατὰ τὴν ἰδίαν φύσιν ἐφθείρετο· ἀλλὰ διὰ τὸν ἐνοικήσαντα τοῦ Θεοῦ Λόγον, ἐκτὸς ἐγίνετο φθορᾶς. 5. Καὶ συνέβαινεν ἀμφότερα ἐν ταὐτῷ γενέσθαι παραδόξως· ὅτι τε ὁ πάντων θάνατος ἐν τῷ Κυριακῷ σώματι ἐπληροῦτο, καὶ ὁ θάνατος καὶ ἡ φθορὰ διὰ τὸν συνόντα Λόγον ἐξηφανίζετο. θανάτου γὰρ ἦν χρεία, καὶ θάνατον ὑπὲρ

---

[1] § 2. See esp. chap. vii. The atoning Death of our Lord is the Central Purpose (δι' ὃ μάλιστα, etc.) of His coming on Earth.

πάντων ἔδει γενέσθαι, ἵνα τὸ παρὰ πάντων ὀφειλόμενον γένηται. 6 Ὅθεν, ὡς προεῖπον, ὁ Λόγος, ἐπεὶ οὐχ οἷόν τε ἦν αὐτὸν ἀποθανεῖν· ἀθάνατος γὰρ ἦν· ἔλαβεν ἑαυτῷ σῶμα τὸ δυνάμενον ἀποθανεῖν, ἵνα ὡς ἴδιον ἀντὶ πάντων αὐτὸ προσενέγκῃ, καὶ ὡς αὐτὸς ὑπὲρ πάντων πάσχων, διὰ τὴν πρὸς αὐτὸ ἐπίβασιν,[1] "κα-"ταργήσῃ τὸν τὸ κράτος ἔχοντα τοῦ θανάτου, του-"τέστι τὸν διάβολον· καὶ ἀπαλλάξῃ τούτους, ὅσοι "φόβῳ θανάτου διὰ παντὸς τοῦ ζῆν ἔνοχοι ἦσαν "δουλείας."

XXI. Ἀμέλει τοῦ κοινοῦ πάντων Σωτῆρος ἀποθανόντος ὑπὲρ ἡμῶν, οὐκέτι νῦν ὥσπερ πάλαι κατὰ τὴν τοῦ νόμου ἀπειλὴν θανάτῳ ἀποθνήσκομεν οἱ ἐν Χριστῷ πιστοί· πέπαυται γὰρ ἡ τοιαύτη καταδίκη· ἀλλὰ τῆς φθορᾶς παυομένης καὶ ἀφανιζομένης ἐν τῇ τῆς ἀναστάσεως χάριτι, λοιπὸν κατὰ τὸ τοῦ σώματος θνητὸν διαλυόμεθα μόνον τῷ χρόνῳ ὃν ἑκάστῳ ὁ Θεὸς ὥρισεν, ἵνα κρείττονος ἀναστάσεως τυχεῖν δυνηθῶμεν. 2. Δίκην γὰρ τῶν ἐν τῇ γῇ καταβαλλομένων σπερμάτων, οὐκ ἀπολλύμεθα διαλυόμενοι, ἀλλ' ὡς σπειρόμενοι ἀναστησόμεθα, καταργηθέντος τοῦ θανάτου κατὰ τὴν τοῦ Σωτῆρος χάριν. διὰ τοῦτο γοῦν καὶ ὁ μακάριος Παῦλος ἐγγυητὴς τῆς ἀναστάσεως πᾶσι γενόμενός φησιν " δεῖ τὸ φθαρτὸν τοῦτο ἐνδύ-"σασθαι ἀφθαρσίαν, καὶ τὸ θνητὸν τοῦτο ἐνδύσασ-'θαι ἀθανασίαν, ὅταν δὲ τὸ φθαρτὸν τοῦτο ἐνδύ-"σηται ἀφθαρσίαν, καὶ τὸ θνητὸν τοῦτο ἐνδύσηται "ἀθανασίαν, τότε γενήσεται ὁ λόγος ὁ γεγραμμένος· "κατεπόθη ὁ θάνατος εἰς νῖκος. ποῦ σου, θάνατε,

---

[1] "Because of his descent into it" (the Body), as above, § 4, cf ἐπιβαίνειν, xliii, 4, etc.

The reasons for the manner of His Death.

"τὸ κέντρον; ποῦ σου, ᾅδη, τὸ νῖκος;" 3. Διὰ τί οὖν, ἄν τις εἴποι, εἴπερ ἀναγκαῖον ἦν ἀντὶ πάντων αὐτὸν παραδοῦναι τὸ σῶμα θανάτῳ, οὐχ ὡς ἄνθρωπος ἰδίως ἀπέθετο τοῦτο, ἀλλὰ καὶ μέχρι τοῦ σταυρωθῆναι παρῆλθεν; ἐντίμως γὰρ μᾶλλον ἔπρεπεν ἀποθέσθαι τὸ σῶμα, ἤπερ μεθ' ὕβρεως τὸν τοιοῦτον θάνατον ὑπομεῖναι. 4. Θέα δὴ πάλιν εἰ μὴ ἡ τοιαύτη ἀντίθεσίς ἐστιν ἀνθρωπίνη· τὸ δὲ ὑπὸ τοῦ Σωτῆρος γενόμενον, θεῖον ἀληθῶς καὶ ἄξιον τῆς αὐτοῦ θεότητος διὰ πολλά. Πρῶτον μὲν, ὅτι ὁ συμβαίνων τοῖς ἀνθρώποις θάνατος κατὰ ἀσθένειαν τῆς αὐτῶν φύσεως αὐτοῖς παραγίνεται· οὐ δυνάμενοι γὰρ ἐπὶ πολὺ διαμένειν, τῷ χρόνῳ διαλύονται. διὰ τοῦτο γὰρ καὶ νόσοι τούτοις συμβαίνουσι, καὶ ἐξασθενήσαντες ἀποθνήσκουσιν. ὁ δὲ Κύριος οὐκ ἀσθενὴς, ἀλλὰ Θεοῦ Δύναμις, καὶ Θεοῦ Λόγος ἐστί, καὶ Αὐτοζωή. 5 Εἰ μὲν οὖν ἦν ἰδίᾳ που, καὶ κατὰ τὴν συνήθειαν τῶν ἀνθρώπων ἀποθέμενος τὸ σῶμα ἐν κλίνῃ, ἐνομίσθη ἂν καὶ αὐτὸς κατὰ τὴν τῆς φύσεως ἀσθένειαν τοῦτο παθών, καὶ μηδὲν ἔχων πλέον τῶν ἄλλων ἀνθρώπων· ἐπειδὴ δὲ καὶ Ζωὴ ἦν, καὶ Θεοῦ Λόγος, καὶ ἔδει τὸν ὑπὲρ πάντων γενέσθαι θάνατον, διὰ τοῦτο ὡς μὲν ζωὴ καὶ δύναμις ὢν συνίσχυεν[1] ἐν αὐτῷ τὸ σῶμα· 6. ὡς δὲ ὀφείλοντος γενέσθαι τοῦ θανάτου, οὐχ ἑαυτῷ,[2] ἀλλὰ παρ' ἑτέρων ἐλάμβανε τὴν πρόφασιν τοῦ τελειῶσαι τὴν θυσίαν· ἐπεὶ μηδὲ νοσεῖν ἔδει τὸν

[1] § 5 συνισχ τὸ σῶμα The verb is intransitive in classical Greek (L and S), in which case σῶμα must be nominative, and Ζωὴ—ὤν nom in apposition to the sense.

[2] § 6 οὐχ ἑαυτῷ, etc. An ellipsis. "He did not take himself (to himself), but received at other hands, the *occasion*," etc.

Κύριον, τὸν τῶν ἄλλων τὰς νόσους θεραπεύοντα. ἀλλ' οὐδὲ ἐξασθενῆσαι ἔδει πάλιν τὸ σῶμα, ἐν ᾧ καὶ τὰς τῶν ἄλλων ἀσθενείας ἰσχυροποίει. 7. Διὰ τί οὖν καὶ τὸν θάνατον ὥσπερ καὶ τὸ νοσεῖν οὐκ ἐκώλυσεν; ὅτι διὰ τοῦτο ἔσχε τὸ σῶμα, καὶ ἀπρεπὲς ἦν κωλῦσαι· ἵνα μὴ καὶ ἡ ἀνάστασις ἐμποδισθῇ· προηγήσασθαι μέντοι τοῦ θανάτου νόσον, ἀπρεπὲς πάλιν ἦν, ἵνα μὴ ἀσθένεια τοῦ ἐν τῷ σώματι νομισθῇ. οὐκ ἐπείνασεν οὖν; ναὶ ἐπείνασε διὰ τὸ ἴδιον τοῦ σώματος· ἀλλ' οὐ λιμῷ διεφθάρη, διὰ τὸν φοροῦντα αὐτὸ Κύριον. διὰ τοῦτο εἰ καὶ ἀπέθανε διὰ τὸ ὑπὲρ πάντων λύτρον, ἀλλ' οὐκ εἶδε διαφθοράν. ὁλόκληρον γὰρ ἀνέστη· ἐπεὶ μηδὲ ἄλλου τινὸς, ἀλλ' αὐτῆς τῆς ζωῆς ἦν τὸ σῶμα.

XXII Ἀλλ' ἔδει, φήσειεν ἄν τις, κρυβῆναι τὴν ἐπιβουλὴν τῶν Ἰουδαίων, ἵνα καθόλου τὸ ἑαυτοῦ σῶμα ἀθάνατον διαφυλάξῃ. ἀκουέτω δὴ ὁ τοιοῦτος, ὅτι καὶ τοῦτο ἀπρεπὲς ἦν τῷ Κυρίῳ· ὡς γὰρ οὐκ ἔπρεπε τῷ τοῦ Θεοῦ Λόγῳ ζωῇ ὄντι, τῷ σώματι ἑαυτοῦ θάνατον παρ' ἑαυτοῦ διδόναι· οὕτως οὐχ ἥρμοζεν οὐδὲ τὸν παρ' ἑτέρων διδόμενον φεύγειν· ἀλλὰ καὶ μᾶλλον διώκειν αὐτὸν εἰς ἀναίρεσιν, ὅθεν εἰκότως οὔτε ἑαυτῷ ἀπέθετο τὸ σῶμα, οὔτε πάλιν ἐπιβουλεύοντας τοὺς Ἰουδαίους ἔφυγε. 2. Τὸ δὲ τοιοῦτον οὐκ ἀσθένειαν ἐδείκνυε τοῦ Λόγου, ἀλλὰ μᾶλλον Σωτῆρα καὶ Ζωὴν αὐτὸν ἐγνώριζεν· ὅτι καὶ τὸν θάνατον εἰς ἀναίρεσιν περιέμενε, καὶ τὸν διδόμενον θάνατον ὑπὲρ τῆς πάντων σωτηρίας ἔσπευδε τελειῶσαι 3 καὶ ἄλλως δὲ, οὐ τὸν ἑαυτοῦ θάνατον ἀλλὰ τὸν τῶν ἀνθρώπων ἦλθε τελειῶσαι ὁ Σωτήρ· ὅθεν οὐκ ἰδίῳ θανάτῳ, (οὐκ εἶχε γὰρ Ζωὴ ὤν), ἀπετιθετο τὸ σῶμα· ἀλλὰ τὸν παρὰ τῶν ἀνθρώπων ἐδέχετο, ἵνα καὶ τοῦτον ἐν τῷ ἑαυτοῦ σώματι προσελθόντα τέλεον ἐξαφανίσῃ. 4. Ἔπειτα καὶ ἐκ τούτων ἄν τις εὐλόγως ἴδοι τὸ τοιοῦτον τέλος ἐσχηκέναι τὸ Κυριακὸν σῶμα. Ἔμελε τῷ Κυρίῳ μάλιστα περὶ ἧς ἔμελλε ποιεῖν ἀναστάσεως τοῦ σώματος· τοῦτο γὰρ ἦν κατὰ τοῦ θανάτου τρόπαιον ταύτην ἐπιδείξασθαι πᾶσι, καὶ πάντας πιστώσασθαι τὴν παρ' αὐτοῦ γειομένην τῆς φθορᾶς ἀπάλειψιν, καὶ λοιπὸν τὴν τῶν σωμάτων ἀφθαρσίαν, ἧς πᾶσιν ὥσπερ ἐνέχυρον καὶ γνώρισμα τῆς ἐπὶ πάντας ἐσομένης ἀναστάσεως τετήρηκεν ἄφθαρτον τὸ ἑαυτοῦ σῶμα 5. Εἰ μὲν οὖν ἦν πάλιν νοσῆσαν τὸ σῶμα, καὶ ἐπ' ὄψει πάντων διαλυθεὶς ἀπ' αὐτοῦ ὁ Λόγος, ἀπρεπὲς μὲν ἦν τὸν τῶν ἄλλων τὰς νόσους θεραπεύοντα, παρορᾶν τὸ ἴδιον ὄργανον ἐν νόσοις τηκόμενον πῶς γὰρ ἂν ἐπιστεύθη τὰς ἄλλων ἀπελάσας ἀσθενείας, ἀσθενοῦντος ἐν αὐτῷ τοῦ ἰδίου ναοῦ; ἢ γὰρ ὡς οὐ δυνάμενος ἀπελάσαι νόσον ἐγελάσθη· ἢ δυνάμενος, καὶ μὴ ποιῶν, ἀφιλάνθρωπος καὶ πρὸς τοὺς ἄλλους ἐνομίζετο.

XXIII Εἰ δὲ καὶ χωρίς τινος νόσου καὶ χωρίς τινος ἀλγηδόνος, ἰδίᾳ που καὶ καθ' ἑαυτὸν ἐν γωνίᾳ, ἢ ἐν ἐρήμῳ τόπῳ, ἢ κατ' οἰκίαν, ἢ ὅπου δήποτε τὸ σῶμα κρύψας ἦν, καὶ μετὰ ταῦτα πάλιν ἐξαίφνης φανεὶς, ἔλεγεν ἑαυτὸν ἐκ νεκρῶν ἐγηγέρθαι· μύθους μὲν ἂν ἔδοξε λέγειν παρὰ πᾶσιν, ἠπιστήθη δὲ πολλῷ πλέον καὶ περὶ τῆς ἀναστάσεως λέγων, οὐκ ὄντος ὅλως τοῦ μαρτυροῦντος περὶ τοῦ θανάτου αὐτοῦ. τῆς δὲ ἀναστάσεως προηγεῖσθαι δεῖ θάνατον, ἐπεὶ οὐκ ἂν εἴη ἀνάστασις μὴ προηγουμένου θανάτου· ὅθεν εἰ κρύφα που ἐγεγόνει τοῦ σώματος ὁ θάνατος, οὐ φαινομένου τοῦ θανάτου, οὐδὲ ἐπὶ μαρτύρων γενομένου, ἀφανὴς ἦν καὶ ἀμάρτυρος καὶ ἡ τούτου ἀνάστασις 2. Ἡ διατί τὴν μὲν ἀνάστασιν ἐκήρυττεν ἀναστὰς, τὸν δὲ θάνατον ἀφανῶς ἐποίει γενέσθαι; ἢ διὰ τί τοὺς μὲν δαίμονας ἐπ' ὄψει πάντων ἀπήλαυνε, τόν τε ἐκ γενετῆς τυφλὸν ἀναβλέπειν ἐποίει, καὶ τὸ ὕδωρ εἰς οἶνον μετέβαλεν, ἵνα δι' αὐτῶν πιστευθῇ Λόγος Θεοῦ· τὸ δὲ θνητὸν οὐκ ἐπ' ὄψει πάντων ἄφθαρτον ἐδείκνυεν, ἵνα πιστευθῇ αὐτὸς ὢν ἡ Ζωή; 3. Πῶς δὲ καὶ οἱ τούτου μαθηταὶ παρρησίαν εἶχον περὶ τοῦ τῆς ἀναστάσεως λόγου, οὐκ ἔχοντες εἰπεῖν, ὅτι πρῶτον ἀπέθανεν; ἢ πῶς ἂν ἐπιστεύθησαν λέγοντες γεγονέναι πρῶτον θάνατον, εἶτα τὴν ἀνάστασιν, εἰ μὴ παρ' οἷς ἐπαρρησιάζοντο, εἶχον τούτους μάρτυρας τοῦ θανάτου; εἰ γὰρ καὶ οὕτως ἐπ' ὄψει πάντων γενομένων τοῦ τε θανάτου καὶ τῆς ἀναστάσεως, οὐκ ἠθέλησαν οἱ τότε Φαρισαῖοι πιστεύειν, ἀλλὰ καὶ τοὺς ἑωρακότας τὴν ἀνάστασιν ἠνάγκασαν ἀρνήσασθαι ταύτην· πάντως εἰ κεκρυμμένως ἐγεγόνει ταῦτα, πόσας ἂν προφάσεις ἀπιστίας ἐπενόουν, 4. Πῶς δὲ ἄρα τὸ τοῦ θανάτου τέλος ἐδείκνυτο, καὶ ἡ κατὰ τούτου νίκη, εἰ μὴ ἐπ' ὄψει πάντων προσκαλεσάμενος αὐτὸν ἤλεγξε νεκρὸν κενωθέντα λοιπὸν τῇ τοῦ σώματος ἀφθαρσίᾳ;

XXIV. Τὰ δὲ καὶ παρ' ἑτέρων ἂν λεχθέντα, ταῦτα προλαβεῖν ἡμᾶς ἀναγκαῖον ταῖς ἀπολογίαις. τάχα γὰρ ἄν τις εἴποι καὶ τοῦτο· Εἰ ἐπ' ὄψει πάντων καὶ ἐμμάρτυρον ἔδει γενέσθαι τὸν τούτου θάνατον, ἵνα καὶ ὁ τῆς ἀναστάσεως πιστευθῇ λόγος, ἔδει κἂν αὐτὸν ἑαυτῷ ἔνδοξον ἐπινοήσασθαι θάνατον, ἵνα μόνον τὴν ἀτιμίαν τοῦ σταυροῦ φύγῃ 2. Ἀλλ' εἰ καὶ τοῦτο ποιήσας ἦν, ὑπόνοιαν καθ' ἑαυτοῦ παρεῖχεν, ὡς οὐ κατὰ παντὸς θανάτου δυνάμενος, ἀλλὰ μόνου τοῦ περὶ αὐτοῦ ἐπινοηθέντος· καὶ οὐδὲν ἧττον πάλιν ἦν ἡ πρόφασις τῆς περὶ τῆς ἀναστάσεως ἀπιστίας. ὅθεν οὐ παρ' αὐτοῦ, ἀλλ' ἐξ ἐπιβουλῆς ἐγένετο τῷ σώματι ὁ θάνατος· ἵνα ὃν αὐτοὶ προσαγάγωσι τῷ Σωτῆρι θάνατον, τοῦτον αὐτὸς ἐξαφανίσῃ 3. Καὶ ὥσπερ γενναῖος παλαιστὴς, μέγας ὢν τῇ συνέσει καὶ τῇ ἀνδρείᾳ, οὐκ αὐτὸς ἑαυτῷ τοὺς ἀντιπάλους ἐκλέγεται, ἵνα μὴ ὑπόνοιαν τῆς πρός τινας δειλίας παράσχῃ· ἀλλὰ τῇ τῶν θεωρούντων δίδωσιν ἐξουσίᾳ, καὶ μάλιστα κἂν ἐχθροὶ τυγχάνωσιν, ἵνα πρὸς ὃν ἂν συμβάλλωσιν αὐτοὶ, τοῦτον αὐτὸς καταρράξας, κρείττων τῶν πάντων πιστευθῇ· οὕτως καὶ ἡ τῶν πάντων ζωὴ ὁ Κύριος καὶ Σωτὴρ ἡμῶν ὁ Χριστὸς, οὐχ ἑαυτῷ θάνατον ἐπενόει τῷ σώματι, ἵνα μὴ ὡς ἕτερον δειλιῶν φανῇ· ἀλλὰ τὸν παρ' ἑτέρων, καὶ μάλιστα τὸν παρὰ τῶν ἐχθρῶν ὃν ἐνόμιζον εἶναι δεινὸν ἐκεῖνοι καὶ ἄτιμον καὶ φευκτὸν, τοῦτον αὐτὸς ἐν σταυρῷ δεχόμενος ἠνείχετο· ἵνα καὶ τούτου καταλυθέντος, αὐτὸς μὲν ὢν ἡ ζωὴ πιστευθῇ, τοῦ δὲ θανάτου τὸ κράτος τέλεον καταργηθῇ 4 Γέγονε γοῦν τι θαυμαστὸν καὶ παράδοξον· ὃν γὰρ ἐνόμιζον ἄτιμον ἐπιφέρειν θάνατον, οὗτος ἦν τρόπαιον κατ' αὐτοῦ τοῦ θανάτου· διὸ οὐδὲ τὸν Ἰωάννου θάνατον ὑπέμεινε, διαιρουμένης τῆς κεφαλῆς, οὐδὲ ὡς Ἡσαΐας ἐπρίσθη, ἵνα καὶ τῷ θανάτῳ ἀδιαίρετον καὶ ὁλόκληρον τὸ σῶμα φυλάξῃ, καὶ μὴ πρόφασις τοῖς βουλομένοις διαιρεῖν τὴν Ἐκκλησίαν γένηται.

XXV. Καὶ ταῦτα μὲν πρὸς τοὺς ἔξωθεν ἑαυτοῖς λογισμοὺς ἐπισωρεύοντας· ἂν δὲ καὶ τῶν ἐξ ἡμῶν τις μὴ ὡς φιλόνεικος, ἀλλ' ὡς φιλομαθὴς ζητῇ· διὰ τί μὴ ἑτέρως, ἀλλὰ σταυρὸν ὑπέμεινεν; ἀκουέτω καὶ οὗτος ὅτι οὐκ ἄλλως ἢ οὕτως ἡμῖν συνέφερε· καὶ τοῦτο δι' ἡμᾶς καλῶς ὑπέμεινεν ὁ Κύριος 2. Εἰ γὰρ τὴν καθ' ἡμῶν γενομένην κατάραν ἦλθεν αὐτὸς βαστάσαι, πῶς ἂν ἄλλως ἐγένετο κατάρα, εἰ μὴ τὸν ἐπὶ κατάρᾳ γενόμενον θάνατον ἐδέξατο, ἔστι δὲ οὗτος, ὁ σταυρός. οὕτω γὰρ καὶ γέγραπται· "ἐπι- " κατάρατος ὁ κρεμάμενος ἐπὶ ξύλου " 3. Ἔπειτα, εἰ ὁ θάνατος τοῦ Κυρίου λύτρον ἐστὶ πάντων, καὶ τῷ θανάτῳ τούτου "τὸ μεσότοιχον τοῦ φραγμοῦ" λύεται, καὶ γίνεται τῶν ἐθνῶν ἡ κλῆσις· πῶς ἂν ἡμᾶς προσεκα- λέσατο, εἰ μὴ ἐσταύρωτο; ἐν μόνῳ γὰρ τῷ σταυρῷ ἐκτεταμέναις χερσί τις ἀποθνήσκει. δι' ὃ καὶ τοῦτο ἔπρεπεν ὑπομεῖναι τὸν Κύριον, καὶ τὰς χεῖρας ἐκτεῖναι, ἵνα τῇ μὲν τὸν παλαιὸν λαὸν, τῇ δὲ τοὺς ἀπὸ τῶν ἐθνῶν ἑλκύσῃ, καὶ ἀμφοτέρους ἐν ἑαυτῷ συνάψῃ. 4. Τοῦτο γὰρ καὶ αὐτὸς εἴρηκεν, σημαίνων ποίῳ θανάτῳ ἔμελλε λυτροῦσθαι τοὺς πάντας. " ὅταν "ὑψωθῶ," φησὶν, "πάντας ἑλκύσω πρὸς ἐμαυτόν." 5. Καὶ πάλιν, εἰ ὁ ἐχθρὸς τοῦ γένους ἡμῶν διάβολος ἐκπεσὼν ἀπὸ τοῦ οὐρανοῦ, περὶ τὸν ἀέρα τὸν ὧδε κάτω πλανᾶται, κἀκεῖ τῶν σὺν αὐτῷ διαμόνων ὡς ὁμοίων ἐν τῇ ἀπειθείᾳ ἐξουσιάζων, φαντασίας μὲν δι' αὐτῶν ἐνεργεῖ τοῖς ἀπατωμένοις ἐπιχειρεῖ δὲ τοῖς ἀνερχομένοις ἐμποδίζειν· καὶ περὶ τούτου φησὶν ὁ ἀπόστολος· "κατὰ τὸν ἄρχοντα τῆς ἐξουσίας τοῦ " ἀέρος, τοῦ πνεύματος τοῦ νῦν ἐνεργοῦντος ἐν τοῖς " υἱοῖς τῆς ἀπειθείας·" ἦλθε δὲ ὁ Κύριος ἵνα τὸν μὲν διάβολον καταβάλῃ, τὸν δὲ ἀέρα καθαρίσῃ, καὶ ὁδοποιήσῃ ἡμῖν τὴν εἰς οὐρανοὺς ἄνοδον, ὡς εἶπεν ὁ ἀπόστολος, " διὰ τοῦ καταπετάσματος, τουτέστι τῆς " σαρκὸς αὐτοῦ·" τοῦτο δὲ ἔδει γενέσθαι διὰ τοῦ

His Death manifested His divinity. 39

θανάτου· ποίῳ δ' ἂν ἄλλῳ θανάτῳ ἐγεγόνει ταῦτα, ἢ τῷ ἐν ἀέρι γενομένῳ, φημὶ δὴ τῷ σταυρῷ; Μόνος γὰρ ἐν τῷ ἀέρι τις ἀποθνήσκει, ὁ σταυρῷ τελειούμενος. διὸ καὶ εἰκότως τοῦτον ὑπέμεινεν ὁ Κύριος 6. Οὕτω γὰρ ὑψωθείς,[1] τὸν μὲν ἀέρα ἐκαθάριζεν ἀπό τε τῆς διαβολικῆς καὶ πάσης τῶν δαιμόνων ἐπιβουλῆς λέγων· "Ἐθεώρουν τὸν Σατανᾶν ὡς ἀσ- "τραπὴν πεσόντα·" τὴν δὲ εἰς οὐρανοὺς ἄνοδον ὁδοποιῶν ἀνεκαίνιζε λέγων πάλιν· "Ἄρατε πύλας "οἱ ἄρχοντες ὑμῶν καὶ ἐπάρθητε πύλαι αἰώνιοι." οὐ γὰρ αὐτὸς ὁ Λόγος ἦν ὁ χρῄζων ἀνοίξεως τῶν πυλῶν, Κύριος τῶν πάντων ὤν· οὐδὲ κεκλεισμένον ἦν τι τῶν ποιημάτων τῷ ποιητῇ· ἀλλ' ἡμεῖς ἦμεν οἱ χρῄζοντες, οὓς ἀνέφερεν αὐτὸς διὰ τοῦ ἰδίου σώματος αὐτοῦ. Ὡς γὰρ ὑπὲρ πάντων αὐτὸ προσήνεγκε τῷ θανάτῳ· οὕτω δι' αὐτοῦ πάλιν ὡδοποίησε τὴν εἰς οὐρανοὺς ἄνοδον.

XXVI. Πρέπων οὖν ἄρα καὶ ἁρμόζων ὁ ἐν τῷ σταυρῷ γέγονε θάνατος ὑπὲρ ἡμῶν· καὶ ἡ αἰτία τούτου εὔλογος ἐφάνη κατὰ πάντα, καὶ δικαίους ἔχει τοὺς λογισμούς, ὅτι μὴ ἄλλως, ἀλλὰ διὰ τοῦ σταυροῦ ἔδει γενέσθαι τὴν σωτηρίαν τῶν πάντων. καὶ γὰρ οὐδ' οὕτως ἀφανῆ ἑαυτὸν οὐδὲ ἐν τῷ σταυρῷ ἀφῆκεν· ἀλλὰ κατὰ περιττὸν τὴν μὲν κτίσιν ἐποίει μαρτυρεῖν τὴν τοῦ ἑαυτῆς δημιουργοῦ παρουσίαν, τὸν δὲ ἑαυτοῦ ναὸν τὸ σῶμα οὐκ ἐπὶ πολὺ μένειν ἀνασχόμενος, ἀλλὰ μόνον δείξας νεκρὸν τῇ τοῦ θανάτου πρὸς αὐτὸ συμπλοκῇ, τριταῖον εὐθέως ἀνέστησε, τρόπαια καὶ νίκας κατὰ τοῦ θανάτου φέρων τὴν ἐν τῷ σώματι

[1] §§ 5, 6 For the idea of these sections, cf. Lightfoot on Coloss. ii, 15.

40 Reasons for the Resurrection on the Third Day.

γενομένην ἀφθαρσίαν καὶ ἀπάθειαν. 2 Ἠδύνατο μὲν γὰρ καὶ παρ' αὐτὰ τοῦ θανάτου τὸ σῶμα διεγεῖραι καὶ πάλιν δεῖξαι ζῶν· ἀλλὰ καὶ τοῦτο καλῶς προϊδὼν ὁ Σωτὴρ οὐ πεποίηκεν. εἶπε γὰρ ἄν τις μηδόλως αὐτὸ τεθνηκέναι, ἢ μηδὲ τέλεον αὐτοῦ τὸν θάνατον ἐψαυκέναι, εἰ παρ' αὐτὰ τὴν ἀνάστασιν ἦν ἐπιδείξας 3. Τάχα δὲ καὶ ἐν ἴσῳ[1] τοῦ διαστήματος ὄντος τοῦ τε θανάτου καὶ τῆς ἀναστάσεως, ἄδηλον ἐγίνετο τὸ περὶ τῆς ἀφθαρσίας κλέος ὅθεν, ἵνα δειχθῇ νεκρὸν τὸ σῶμα, καὶ μίαν ὑπέμεινε μέσην ὁ Λόγος, καὶ τριταῖον τοῦτο πᾶσιν ἔδειξεν ἄφθαρτον. 4 Ἕνεκα μὲν οὖν τοῦ δειχθῆναι τὸν θάνατον ἐν τῷ σώματι, τριταῖον ἀνέστησε τοῦτο. 5 Ἵνα δὲ μὴ ἐπὶ πολὺ διαμεῖναν καὶ φθαρὲν τέλεον ὕστερον ἀναστήσας ἀπιστηθῇ ὡς οὐκ αὐτὸ ἀλλ' ἕτερον σῶμα φέρων· ἔμελλε γὰρ ἄν τις καὶ διὰ τὸν χρόνον ἀπιστεῖν τῷ φαινομένῳ, καὶ ἐπιλανθάνεσθαι τῶν γενομένων· διὰ τοῦτο οὐ πλείω τῶν τριῶν ἡμερῶν ἠνέσχετο, οὐδὲ ἐπὶ πολύ τοὺς ἀκούσαντας αὐτοῦ περὶ τῆς ἀναστάσεως παρείλκυσεν 6 ἀλλ' ἔτι τῶν ἀκοῶν αὐτῶν ἔναυλον ἐχόντων τὸν λόγον, καὶ ἔτι τῶν ὀφθαλμῶν αὐτῶν ἐκδεχομένων, καὶ τῆς διανοίας αὐτῶν ἠρτημένης, καὶ ζώντων ἐπὶ γῆς ἔτι, καὶ ἐπὶ τόπων ὄντων τῶν θανατωσάντων, καὶ μαρτυρούντων περὶ τοῦ θανάτου τοῦ Κυριακοῦ σώματος, αὐτὸς ὁ τοῦ Θεοῦ Υἱὸς ἐν τριταίῳ διαστήματι τὸ γενόμενον νεκρὸν σῶμα ἔδειξεν ἀθάνατον καὶ ἄφθαρτον καὶ ἀνεδείχθη πᾶσιν,

---

[1] § 3 "Perhaps even had the interval between His Death and Rising again lasted to the second day," lit. *in an even space*, as distinguished from (1) the *same* day (§ 2), (2) the *third* (§ 5, ἐν τριταίῳ διαστήματι) Two is the first, and therefore, κατ ἐξοχὴν, *the* even number.

ὅτι οὐκ ἀσθενείᾳ φύσεως τοῦ ἐνοικοῦντος Λόγου τέθνηκε τὸ σῶμα, ἀλλ' ἐπὶ τῷ τὸν θάνατον ἐξαφανισθῆναι ἐν αὐτῷ τῇ δυνάμει τοῦ Σωτῆρος

XXVII. Τοῦ μὲν γὰρ καταλελύσθαι τὸν θάνατον, καὶ νίκην κατ' αὐτοῦ γεγενῆσθαι τὸν σταυρὸν, καὶ μηκέτι λοιπὸν ἰσχύειν, ἀλλ' εἶναι νεκρὸν αὐτὸν ἀληθῶς, γνώρισμα οὐκ ὀλίγον καὶ πίστις ἐναργής, τὸ παρὰ πάντων τῶν τοῦ Χριστοῦ μαθητῶν αὐτὸν καταφρονεῖσθαι, καὶ πάντας ἐπιβαίνειν κατ' αὐτοῦ, καὶ μηκέτι φοβεῖσθαι τοῦτον, ἀλλὰ τῷ σημείῳ τοῦ σταυροῦ καὶ τῇ εἰς Χριστὸν πίστει καταπατεῖν αὐτὸι ὡς νεκρόν. 2. Πάλαι μὲν γὰρ πρὶν τὴν θείαν ἐπιδημίαν γενέσθαι τοῦ Σωτῆρος, φοβερὸς ἦν καὶ αὐτοῖς τοῖς ἁγίοις ὁ θάνατος, καὶ πάντες τοὺς ἀποθνήσκοντας ὡς φθειρομένους ἐθρήνουν. ἄρτι δὲ τοῦ Σωτῆρος ἀναστήσαντος τὸ σῶμα, οὐκέτι μὲν ὁ θάνατός ἐστι φοβερὸς, πάντες δὲ οἱ τῷ Χριστῷ πιστεύοντες ὡς οὐδὲν αὐτὸν ὄντα πατοῦσι, καὶ μᾶλλον ἀποθνήσκειν αἱροῦνται ἢ ἀρνήσασθαι τὴν εἰς Χριστὸν πίστιν ἴσασι γὰρ ὄντως, ὅτι ἀποθνήσκοντες οὐκ ἀπόλλυνται, ἀλλὰ καὶ ζῶσι, καὶ ἄφθαρτοι διὰ τῆς ἀναστάσεως γίνονται. 3. Ἐκεῖνος δὲ ὁ πάλαι τῷ θανάτῳ πονηρῶς ἐναλλόμενος διάβολος, "λυθεισῶν αὐτοῦ τῶν "ὠδίνων," ἔμεινε μόνος ἀληθῶς νεκρός καὶ τούτου τεκμήριον, ὅτι πρὶν πιστεύσουσιν οἱ ἄνθρωποι τῷ Χριστῷ, φοβερὸν τὸν θάνατον ὁρῶσι καὶ δειλιῶσιν αὐτόν· ἐπειδὰν δὲ εἰς τὴν ἐκείνου πίστιν καὶ διδασκαλίαν μετελθῶσι, τοσοῦτον καταφρονοῦσι τοῦ θανάτου, ὡς καὶ προθύμως ἐπ' αὐτὸν ὁρμᾶν καὶ μάρτυρας[1] γίνεσθαι τῆς κατ' αὐτοῦ παρὰ τοῦ Σωτῆρος

[1] "Witnesses" of, as testifying to its reality by the sacrifices they make in reliance upon it

γενομένης ἀναστάσεως. καὶ γὰρ ἔτι νήπιοι ὄντες τὴν ἡλικίαν σπεύδουσιν ἀποθνήσκειν, καὶ μελετῶσι κατ' αὐτοῦ ἀσκήσεσιν οὐ μόνον ἄνδρες, ἀλλὰ καὶ γυναῖκες οὕτως ἀσθενὴς γέγονε, ὡς καὶ γυναῖκας τὰς ἀπατηθείσας τὸ πρὶν παρ' αὐτοῦ, νῦν παίζειν αὐτὸν ὡς νεκρὸν καὶ παρειμένον 4. Ὡς γὰρ τυράννου καταπολεμηθέντος ὑπὸ γνησίου βασιλέως καὶ δεθέντος τοὺς πόδας καὶ τὰς χεῖρας, πάντες λοιπὸν οἱ διαβαίνοντες καταπαίζουσιν αὐτοῦ, τύπτοντες καὶ διασύροντες, οὐκ ἔτι φοβούμενοι τὴν μανίαν αὐτοῦ καὶ τὴν ἀγριότητα, διὰ τὸν νικήσαντα βασιλέα· οὕτω καὶ τοῦ θανάτου νικηθέντος καὶ στηλιτευθέντος ὑπὸ τοῦ Σωτῆρος ἐν τῷ σταυρῷ, καὶ δεδεμένου τὰς χεῖρας καὶ τοὺς πόδας, πάντες οἱ ἐν Χριστῷ διαβαίνοντες αὐτὸν καταπατοῦσι, καὶ μαρτυροῦντες τῷ Χριστῷ χλευάζουσι τὸν θάνατον, ἐπικερτομοῦντες αὐτῷ καὶ τὰ ἄνωθεν κατ' αὐτοῦ γεγραμμένα λέγοντες, "Ποῦ σου, θάνατε, τὸ νῖκος; ποῦ σου, ᾅδη, τὸ κέντρον;"

XXVIII. Ἆρ' οὖν τοῦτο μικρὸς ἔλεγχός ἐστι τῆς τοῦ θανάτου ἀσθενείας; ἢ μικρά ἐστιν ἀπόδειξις τῆς κατ' αὐτοῦ γενομένης νίκης παρὰ τοῦ Σωτῆρος, ὅταν οἱ ἐν Χριστῷ παῖδες καὶ νέαι κόραι παρορῶσι τὸν ἐνταῦθα βίον καὶ ἀποθανεῖν μελετῶσιν; 2. Ἔστι μὲν γὰρ κατὰ φύσιν ὁ ἄνθρωπος δειλιῶν τὸν θάνατον καὶ τὴν τοῦ σώματος διάλυσιν· τὸ δὲ παραδοξότατον τοῦτό ἐστιν, ὅτι ὁ τὴν τοῦ σταυροῦ πίστιν ἐνδυσάμενος καταφρονεῖ καὶ τῶν κατὰ φύσιν, καὶ τὸν θάνατον οὐ δειλιᾷ διὰ τὸν Χριστόν. 3. Καὶ ὥσπερ τοῦ πυρὸς ἔχοντος κατὰ φύσιν τὸ καίειν, εἰ λέγοι τις εἶναί τι τὸ μὴ δειλιῶν αὐτοῦ τὴν καῦσιν, ἀλλὰ καὶ

The truth of this should be tested by experience

μᾶλλον ἀσθενὲς αὐτὸ δεικνύον, οἷον δὴ λέγεται τὸν παρὰ τοῖς Ἰνδοῖς ἀμίαντον· εἶτα ὁ τῷ λεγομένῳ μὴ πιστεύων εἰ πεῖραν θελήσειε λαβεῖν τοῦ λεγομένου, πάντως τὸ ἄκαυστον ἐνδυσάμενος καὶ προσβαλὼν πυρί, πιστοῦται λοιπὸν τὴν κατὰ τοῦ πυρὸς ἀσθένειαν· 4. Ἢ ὡς εἴ τις τὸν τύραννον δεδεμένον ἰδεῖν θελήσειεν, πάντως εἰς τὴν τοῦ νικήσαντος χώραν καὶ ἀρχὴν παρελθών, ὁρᾷ τὸν ἄλλοις φοβερὸν ἀσθενῆ γενόμενον· οὕτως εἴ τις ἐστὶν ἄπιστος, καὶ ἀκμὴν μετὰ τοσαῦτα, καὶ μετὰ τοὺς τοσούτους ἐν Χριστῷ γενομένους μάρτυρας, καὶ μετὰ τὴν καθ' ἡμέραν γινομένην κατὰ τοῦ θανάτου χλεύην παρὰ τῶν ἐν Χριστῷ διαπρεπόντων· ὅμως εἰ ἔτι τὴν διάνοιαν ἀμφίβολον ἔχει περὶ τοῦ κατηργῆσθαι τὸν θάνατον καὶ τέλος ἐσχηκέναι, καλῶς μὲν ποιεῖ θαυμάζων περὶ τοῦ τηλικούτου· πλὴν μὴ σκληρὸς εἰς ἀπιστίαν, μηδὲ ἀναιδὴς πρὸς τὰ οὕτως ἐναργῆ γινέσθω 5. Ἀλλ' ὥσπερ ὁ τὸν ἀμίαντον λαβὼν γινώσκει τὸ ἄκαυστον τοῦ πυρὸς πρὸς αὐτό, καὶ ὁ τὸν τύραννον δεδεμένον θέλων ὁρᾶν, εἰς τὴν τοῦ νικήσαντος ἀρχὴν παρέρχεται· οὕτω καὶ ὁ ἀπιστῶν περὶ τῆς τοῦ θανάτου νίκης λαμβανέτω τὴν πίστιν τοῦ Χριστοῦ, καὶ εἰς τὴν τούτου διδασκαλίαν παρερχέσθω· καὶ ὄψεται τοῦ θανάτου τὴν ἀσθένειαν, καὶ τὴν κατ' αὐτοῦ νίκην. πολλοὶ γὰρ πρότερον ἀπιστοῦντες καὶ χλευάζοντες, ὕστερον πιστεύσαντες, οὕτω κατεφρόνησαν τοῦ θανάτου, ὡς καὶ μάρτυρας αὐτοῦ γενέσθαι τοῦ Χριστοῦ.

XXIX. Εἰ δὲ τῷ σημείῳ τοῦ σταυροῦ, καὶ τῇ πίστει τῇ εἰς Χριστὸν καταπατεῖται ὁ θάνατος, δῆλον ἂν εἴη παρὰ ἀληθείᾳ δικαζούσῃ, μὴ ἄλλον εἶναι, ἀλλ' ἢ αὐτὸν τὸν Χριστόν, τὸν κατὰ τοῦ θανάτου τρόπαια καὶ νίκας ἐπιδειξάμενον, κἀκεῖνον ἐξασθενῆσαι ποιήσαντα. 2 Καὶ εἰ πρότερον μὲν ἴσχυεν ὁ θάνατος, καὶ διὰ τοῦτο φοβερὸς ἦν, ἄρτι δὲ μετὰ τὴν ἐπιδημίαν τοῦ Σωτῆρος καὶ τὸν τοῦ σώματος αὐτοῦ θάνατον, καὶ τὴν ἀνάστασιν, καταφρονεῖται, φανερὸν ἂν εἴη παρ' αὐτοῦ τοῦ ἐπὶ τὸν σταυρὸν ἀναβάντος Χριστοῦ κατηργῆσθαι καὶ νενικῆσθαι τὸν θάνατον. 3 Ὡς γὰρ ἐὰν μετὰ νύκτα γένηται ἥλιος, καὶ πᾶς ὁ περίγειος τόπος καταλάμπηται ὑπ' αὐτοῦ, πάντως οὐκ ἔστιν ἀμφίβολον, ὅτι ὁ τὸ φῶς ἐφαπλώσας ἥλιος πανταχοῦ, αὐτός ἐστιν ὁ καὶ τὸ σκότος ἀπελάσας, καὶ τὰ πάντα φωτίσας· οὕτω τοῦ θανάτου καταφρονηθέντος καὶ καταπατηθέντος ἀφ' οὗ γέγονεν ἡ τοῦ Σωτῆρος ἐν σώματι σωτήριος ἐπιφάνεια καὶ τὸ τέλος τοῦ σταυροῦ, πρόδηλον ἂν εἴη, ὅτι αὐτός ἐστιν ὁ Σωτὴρ ὁ καὶ ἐν σώματι φανεὶς, ὁ τὸν θάνατον καταργήσας, καὶ κατ' αὐτοῦ τρόπαια καθ' ἡμέραν ἐν τοῖς ἑαυτοῦ μαθηταῖς ἐπιδεικνύμενος. 4. Ὅταν γὰρ ἴδῃ τις ἀνθρώπους ἀσθενεῖς ὄντας τῇ φύσει, προπηδῶντας εἰς τὸν θάνατον, καὶ μὴ καταπτήσσοντας αὐτοῦ τὴν φθορὰν, μηδὲ τὰς ἐν ᾅδου καθόδους δειλιῶντας, ἀλλὰ προθύμῳ ψυχῇ προκαλουμένους αὐτὸν, καὶ μὴ πτήσσοντας βασάνους, ἀλλὰ μᾶλλον τῆς ἐνταῦθα ζωῆς προκρίνοντας διὰ τὸν Χριστὸν τὴν εἰς τὸν θάνατον ὁρμήν· ἢ καὶ ἐὰν θεωρός τις γένηται ἀνδρῶν καὶ θηλειῶν καὶ παίδων νέων ὁρμώντων καὶ ἐπιπηδώντων εἰς τὸν θάνατον, διὰ τὴν εἰς Χριστὸν εὐσέβειαν, τίς οὕτως ἐστιν εὐήθης ἢ τίς οὕτως ἐστὶν ἄπιστος, τὶς δὲ οὕτω τὴν διάνοιαν πεπήρωται, ὡς μὴ νοεῖν καὶ λογίζεσθαι, ὅτι ὁ Χριστὸς, εἰς ὃν μαρτυροῦσιν οἱ ἄνθρωποι, αὐτὸς

Further similitudes to the same effect. 45

τὴν κατὰ τοῦ θανάτου νίκην ἑκάστῳ παρέχει καὶ δίδωσιν, ἐξασθενεῖν αὐτὸν ποιῶν ἐν ἑκάστῳ τῶν αὐτοῦ τὴν πίστιν ἐχόντων, καὶ τὸ σημεῖον τοῦ σταυροῦ φορούντων. 5. Καὶ γὰρ ὁ τὸν ὄφιν βλέπων καταπατούμενον, εἰδὼς αὐτοῦ μάλιστα τὴν προτέραν ἀγριότητα, οὐκ ἀμφιβάλλει λοιπὸν ὅτι νεκρός ἐστι καὶ τέλεον ἐξησθένησεν, ἐκτὸς εἰ μὴ τὴν διάνοιαν ἀπεστράφη, καὶ οὐδὲ τὰς τοῦ σώματος αἰσθήσεις ὑγιαινούσας ἔχει. τίς γὰρ καὶ λέοντα παιζόμενον ὑπὸ παιδίων ὁρῶν, ἀγνοεῖ τοῦτον ἢ νεκρὸν γενόμενον ἢ πᾶσαν ἀπολέσαντα τὴν ἑαυτοῦ δύναμιν. 6 Ὥσπερ οὖν ταῦτα ἀληθῆ εἶναι τοῖς ὀφθαλμοῖς ἔξεστιν ὁρᾶν, οὕτω παιζομένου καὶ καταφρονουμένου τοῦ θανάτου ὑπὸ τῶν εἰς Χριστὸν πιστευόντων, μηκέτι μηδεὶς ἀμφιβαλλέτω, μηδὲ γινέσθω τις ἄπιστος, ὅτι ὑπὸ Χριστοῦ κατήργηται ὁ θάνατος, καὶ ἡ τούτου φθορὰ διαλέλυται καὶ πέπαυται.

XXX. Τοῦ μὲν οὖν κατηργῆσθαι τὸν θάνατον, καὶ τρόπαιον εἶναι κατ' αὐτοῦ τὸν Κυριακὸν σταυρὸν, οὐ μικρὸς ἔλεγχος τὰ προειρημένα· τῆς δὲ γενομένης λοιπὸν ἀθανάτου ἀναστάσεως τοῦ σώματος παρὰ τοῦ κοινοῦ πάντων Σωτῆρος καὶ ζωῆς ὄντως Χριστοῦ, ἐναργεστέρα τῶν λόγων ἡ διὰ τῶν φαινομένων ἀπόδειξίς ἐστι τοῖς τὸν ὀφθαλμὸν τῆς διανοίας ἔχουσιν ὑγιαίνοντα 2. Εἰ γὰρ κατήργηται ὁ θάνατος, ὡς ὁ λόγος ἔδειξε, καὶ διὰ τὸν Χριστὸν πάντες αὐτὸν καταπατοῦσι, πολλῷ πλέον αὐτὸς αὐτὸν πρῶτος κατεπάτησε τῷ ἰδίῳ σώματι καὶ κατήργησεν αὐτόν. τοῦ δὲ θανάτου νεκρωθέντος ὑπ' αὐτοῦ, τί ἔδει γενέσθαι ἢ τὸ σῶμα ἀναστῆναι, καὶ τοῦτο δειχθῆναι κατ' αὐτοῦ τρόπαιον; Ἢ πῶς γὰρ ἂν ἐφάνη καταργηθεὶς ὁ θάνατος, εἰ μὴ τὸ σῶμα τὸ Κυριακὸν ἦν ἀναστάν; εἰ δέ τῳ μὴ αὐτάρκης ἡ ἀπόδειξις αὕτη περὶ τῆς ἀναστάσεως αὐτοῦ, κἂν ἐκ τῶν ἐν ὄψει γενομένων πιστούσθω τὸ λεγόμενον. 3. Εἰ γὰρ δὴ νεκρός τις γενόμενος οὐδὲν ἐνεργεῖν δύναται, ἀλλὰ μέχρι τοῦ μνήματός ἐστιν αὐτῷ ἡ χάρις, καὶ πέπαυται λοιπόν· μόνων δὲ τῶν ζώντων εἰσὶν αἱ πράξεις καὶ αἱ πρὸς τοὺς ἀνθρώπους ἐνέργειαι· ὁράτω δὴ ὁ βουλόμενος καὶ γενέσθω δικαστὴς ἐκ τῶν ὁρωμένων τὴν ἀλήθειαν ὁμολογῶν 4 Τοσαῦτα γὰρ τοῦ Σωτῆρος ἐνεργοῦντος ἐν ἀνθρώποις, καὶ καθ' ἡμέραν πανταχόθεν ἀπό τε τῶν τὴν Ἑλλάδα καὶ τὴν βάρβαρον οἰκούντων τοσοῦτον πλῆθος ἀοράτως πείθοντος εἰς τὴν ἑαυτοῦ πίστιν παρελθεῖν, καὶ πάντας ὑπακούειν τῇ αὐτοῦ διδασκαλίᾳ· ἆρ' ἔτι τις τὴν διάνοιαν ἀμφίβολον ἕξει εἰ γέγονεν ἀνάστασις ὑπὸ τοῦ Σωτῆρος, καὶ ζῇ ὁ Χριστός, μᾶλλον δὲ αὐτός ἐστιν ἡ ζωή; 5. ᾎρα δὲ νεκροῦ ἐστὶ τὰς μὲν διανοίας τῶν ἀνθρώπων κατανύττειν, ὥστε τοὺς πατρικοὺς ἀρνεῖσθαι νόμους, τὴν δὲ Χριστοῦ διδασκαλίαν προσκυνεῖν; ἢ πῶς εἴπερ οὐκ ἔστιν ἐνεργῶν, (νεκροῦ γὰρ ἴδιόν ἐστι τοῦτο,) αὐτὸς τοὺς ἐνεργοῦντας καὶ ζῶντας τῆς ἐνεργείας παύει, ὥστε τὸν μὲν μοιχὸν μηκέτι μοιχεύειν, τὸν δὲ ἀνδροφόνον μηκέτι φονεύειν, τὸν δὲ ἀδικοῦντα μηκέτι πλεονεκτεῖν, καὶ τὸν ἀσεβῆ λοιπὸν εὐσεβεῖν; πῶς δὲ εἰ μὴ ἀνέστη, ἀλλὰ νεκρός ἐστι, τοὺς λεγομένους ὑπὸ τῶν ἀπίστων ζῆν ψευδοθέους καὶ θρησκευομένους δαίμονας αὐτὸς ἀπελαύνει, καὶ διώκει, καὶ καταβάλλει; 6. Ἔνθα γὰρ ὀνομάζεται Χριστὸς καὶ ἡ τούτου πίστις, ἐκεῖθεν πᾶσα μὲν εἰδωλολατρία καθαιρεῖται, πᾶσα δὲ δαιμόνων ἀπάτη ἐλέγχεται, πᾶς δὲ δαίμων οὐδὲ τὸ ὄνομα ὑποφέρει·

ἀλλὰ καὶ μόνον ἀκούσας φυγὰς οἴχεται τοῦτο δὲ οὐ νεκροῦ τὸ ἔργον, ἀλλὰ ζῶντος καὶ μάλιστα Θεοῦ. 7. Ἄλλως τε καὶ γελοῖον ἂν εἴη, τοὺς μὲν διωκομένους ὑπ' αὐτοῦ δαίμονας, καὶ τὰ καταργούμενα εἴδωλα λέγειν ζῶντας εἶναι, τὸν δὲ ἀπελαύνοντα καὶ τῇ ἑαυτοῦ δυνάμει μηδὲ φανῆναι ποιοῦντα τούτους, ἀλλὰ καὶ ὁμολογούμενον ὑπὸ πάντων εἶναι Θεοῦ Υἱὸν, τοῦτον λέγειν εἶναι νεκρόν

XXXI. Μέγαν δὲ καὶ καθ' ἑαυτῶν τὸν ἔλεγχον οἱ ἀπιστοῦντες τῇ ἀναστάσει προβάλλονται, εἰ τὸν λεγόμενον παρ' αὐτῶν νεκρὸν τὸν Χριστὸν ἅπαντες δαίμονες καὶ οἱ προσκυνούμενοι παρ' αὐτῶν θεοὶ οὐ διώκουσιν· ἀλλὰ μᾶλλον ὁ Χριστὸς τοὺς πάντας ἐλέγχει νεκρούς. 2. Εἰ γὰρ ἀληθὲς τὸν νεκρὸν μηδὲν ἐνεργεῖν, ἐργάζεται δὲ τοσαῦτα καθ' ἡμέραν ὁ Σωτὴρ, ἕλκων εἰς εὐσέβειαν, πείθων εἰς ἀρετὴν, διδάσκων περὶ ἀθανασίας, εἰς πόθον τῶν οὐρανίων ἐνάγων, ἀποκαλύπτων τὴν περὶ Πατρὸς γνῶσιν, τὴν κατὰ τοῦ θανάτου δύναμιν ἐμπνέων, ἑκάστῳ δεικνύων ἑαυτὸν, καὶ τὴν εἰδώλων ἀθεότητα καθαιρῶν· τούτων δὲ οὐδὲν δύνανται οἱ παρὰ τοῖς ἀπίστοις θεοὶ καὶ δαίμονες· ἀλλὰ μᾶλλον τῇ Χριστοῦ παρουσίᾳ νεκροὶ γίνονται, ἀργὴν ἔχοντες καὶ κενὴν τὴν φαντασίαν· τῷ δὲ σημείῳ τοῦ σταυροῦ πᾶσα μὲν μαγεία παύεται, πᾶσα δὲ φαρμακεία καταργεῖται, καὶ πάντα μὲν τὰ εἴδωλα ἐρημοῦται καὶ καταλιμπάνεται, πᾶσα δὲ ἄλογος ἡδονὴ παύεται, καὶ πᾶς τις εἰς οὐρανὸν ἀπὸ γῆς ἀποβλέπει· τίνα ἄν τις εἴποι νεκρόν; τὸν τοσαῦτα ἐργαζόμενον Χριστόν; ἀλλ' οὐκ ἴδιον νεκροῦ τὸ ἐργάζεσθαι· ἢ τὸν μηδ' ὅλως ἐνεργοῦντα, ἀλλ' ὡς ἄψυχον κείμενον, ὅπερ ἴδιον ὑπάρχει τῶν δαιμόνων καὶ εἰδώλων ὡς νεκρῶν. 3. Ὁ μὲν γὰρ τοῦ Θεοῦ Υἱὸς ζῶν καὶ ἐνεργὴς ὢν καθ' ἡμέραν ἐργάζεται, καὶ ἐνεργεῖ τὴν πάντων σωτηρίαν· ὁ δὲ θάνατος ἐλέγχεται καθ' ἡμέραν αὐτὸς ἐξασθενήσας, καὶ τὰ εἴδωλα καὶ οἱ δαίμονες μᾶλλον νεκροὶ τυγχάνοντες, ὡς ἐκ τούτου μηδένα διστάζειν ἔτι περὶ τῆς τοῦ σώματος ἀναστάσεως αὐτοῦ. 4. Ἔοικε δὲ ὁ περὶ τῆς ἀναστάσεως τοῦ Κυριακοῦ σώματος ἀπιστῶν ἀγνοεῖν δύναμιν Θεοῦ Λόγου καὶ Σοφίας. εἰ γὰρ ὅλως ἔλαβεν ἑαυτῷ σῶμα, καὶ τοῦτο ἰδιοποιήσατο κατὰ τὴν εὔλογον ἀκολουθίαν, ὡς ὁ λόγος ἔδειξε· τί ἔδει τὸν Κύριον ποιεῖν περὶ τούτου; ἢ ποῖον ἔδει τέλος γενέσθαι τοῦ σώματος, ἅπαξ ἐπιβάντος αὐτῷ τοῦ Λόγου; μὴ ἀποθανεῖν μὲν γὰρ οὐκ ἠδύνατο, ἅτε δὴ θνητὸν ὄν, καὶ ὑπὲρ πάντων προσφερόμενον εἰς τὸν θάνατον· οὗ χάριν καὶ ὁ Σωτὴρ αὐτὸ κατεσκεύασεν ἑαυτῷ. μεῖναι δὲ νεκρὸν οὐχ οἷόν τε ἦν, διὰ τὸ ζωῆς αὐτὸ ναὸν γεγενῆσθαι. ὅθεν ἀπέθανε μὲν ὡς θνητόν· ἀνέζησε δὲ διὰ τὴν ἐν αὐτῷ ζωὴν, καὶ τῆς ἀναστάσεώς ἐστι γνώρισμα τὰ ἔργα

XXXII. Εἰ δ' ὅτι μὴ ὁρᾶται, ἀπιστεῖται καὶ ἐγηγέρθαι, ὥρα καὶ τὸ κατὰ φύσιν ἀρνεῖσθαι τοὺς ἀπιστοῦντας. Θεοῦ γὰρ ἴδιον, μὴ ὁρᾶσθαι μὲν, ἐκ δὲ τῶν ἔργων γινώσκεσθαι, καθάπερ καὶ ἐπάνω λέλεκται 2 Εἰ μὲν οὖν τὰ ἔργα μή ἐστι, καλῶς τῷ μὴ φαινομένῳ ἀπιστοῦσιν, εἰ δὲ τὰ ἔργα βοᾷ καὶ δείκνυσιν ἐναργῶς, διὰ τί ἑκόντες ἀρνοῦνται τὴν τῆς ἀναστάσεως οὕτω φανερῶς ζωήν; εἰ γὰρ καὶ τὴν διάνοιαν ἐπηρώθησαν· ἀλλὰ κἂν ταῖς ἔξωθεν αἰσθήσεσιν ὁρᾶν ἐστι τὴν ἀναντίρρητον τοῦ Χριστοῦ δύναμιν καὶ θεότητα. 3. Ἐπεὶ καὶ τυφλὸς ἐὰν μὴ βλέπῃ τὸν

The Resurrection proved by its effects. 49

ἥλιον, ἀλλὰ κἂν τῆς ὑπ' αὐτοῦ γινομένης θέρμης ἀντιλαμβανόμενος, οἶδεν ὅτι ἥλιος ὑπὲρ γῆς ἐστίν. οὕτω καὶ οἱ ἀντιλέγοντες εἰ καὶ μήπω πιστεύουσιν, ἀκμὴν τυφλώττοντες περὶ τὴν ἀλήθειαν, ἀλλὰ κἂν ἑτέρων πιστευόντων γινώσκοντες τὴν δύναμιν, μὴ ἀρνείσθωσαν τὴν τοῦ Χριστοῦ θεότητα, καὶ τὴν ὑπ' αὐτοῦ γενομένην ἀνάστασιν. 4. Δῆλον γὰρ ὅτι εἰ νεκρός ἐστιν ὁ Χριστὸς, οὐκ ἂν τοὺς δαίμονας ἐδίωκε, καὶ τὰ εἴδωλα ἐσκύλευεν· νεκρῷ γὰρ οὐκ ἂν ὑπήκουσαν οἱ δαίμονες. εἰ δὲ διώκονται φανερῶς τῇ τούτου ὀνομασίᾳ, δῆλον ἂν εἴη μὴ εἶναι τοῦτον νεκρὸν, μάλιστα ὅτι δαίμονες, καὶ τὰ μὴ βλεπόμενα τοῖς ἀνθρώποις ὁρῶντες, ἠδύναντο γινώσκειν εἰ νεκρός ἐστιν ὁ Χριστὸς, καὶ μηδόλως ὑπακούειν αὐτῷ. 5. Νῦν δὲ ὃ μὴ πιστεύουσιν ἀσεβεῖς ὁρῶσιν οἱ δαίμονες, ὅτι Θεός ἐστι, καὶ διὰ τοῦτο φεύγουσι καὶ προσπίπτουσιν αὐτῷ λέγοντες, ἃ καὶ ὅτε ἦν ἐν σώματι ἐφθέγξαντο, "Οἴδαμέν σε τίς εἶ σὺ εἶ ὁ ἅγιος τοῦ Θεοῦ." καὶ, "Ἔα, τί σοι καὶ ἡμῖν, Υἱὲ τοῦ Θεοῦ; δέομαί σου, μή "με βασανίσῃς." 6 Δαιμόνων τοίνυν ὁμολογούντων καὶ τῶν ἔργων ὁσημέραι μαρτυρούντων, φανερὸν ἂν εἴη, καὶ μηδεὶς ἀναιδευέσθω πρὸς τὴν ἀλήθειαν, ὅτι τε ἀνέστησε τὸ ἑαυτοῦ σῶμα ὁ Σωτὴρ, καὶ ὅτι Θεοῦ Υἱός ἐστιν ἀληθινὸς, ἐξ αὐτοῦ οἷα δὴ ἐκ Πατρὸς ἴδιος Λόγος καὶ Σοφία καὶ Δύναμις ὑπάρχων, ὃς χρόνοις ὕστερον ἐπὶ σωτηρίᾳ τῶν πάντων ἔλαβεν σῶμα, καὶ τὴν μὲν οἰκουμένην περὶ Πατρὸς ἐδίδαξε, τὸν δὲ θάνατον κατήργησε, πᾶσι δὲ τὴν ἀφθαρσίαν ἐχαρίσατο διὰ τῆς ἐπαγγελίας τῆς ἀναστάσεως, ἀπαρχὴν ταύτης τὸ ἴδιον ἐγείρας σῶμα, καὶ τρόπαιον αὐτὸ

H

κατὰ τοῦ θανάτου καὶ τῆς τούτου φθορᾶς ἐπιδειξάμενος τῷ σημείῳ τοῦ σταυροῦ.

XXXIII Τούτων δὲ οὕτως ἐχόντων, καὶ φανερᾶς οὔσης τῆς ἀποδείξεως περὶ τῆς ἀναστάσεως τοῦ σώματος, καὶ τῆς κατὰ τοῦ θανάτου γενομένης ὑπὸ τοῦ Σωτῆρος νίκης φέρε, καὶ τὴν ἀπιστίαν τῶν Ἰουδαίων καὶ τὴν τῶν Ἑλλήνων χλεύην διελέγξωμεν. 2. Ἐπὶ τούτοις γὰρ ἴσως Ἰουδαῖοι μὲν ἀπιστοῦσιν, Ἕλληνες δὲ γελῶσι, τὸ ἀπρεπὲς τοῦ σταυροῦ καὶ τῆς ἐνανθρωπήσεως τοῦ Θεοῦ Λόγου διασύροντες· ἀλλὰ κατὰ ἀμφοτέρων ὁ λόγος οὐκ ὀκνήσει χωρῆσαι, μάλιστα κατ' αὐτῶν τὰς ἀποδείξεις ἐναργεῖς ἔχων. 3. Ἰουδαῖοι[1] μὲν ἀπιστοῦντες ἔχουσιν ἀφ' ὧν ἀναγινώσκουσι καὶ αὐτοὶ γραφῶν τὸν ἔλεγχον· ἄνω καὶ κάτω, καὶ πάσης ἁπλῶς θεοπνεύστου βίβλου περὶ τούτων βοώσης, ὡς καὶ αὐτὰ τὰ ῥήματα πρόδηλα. προφῆται μὲν γὰρ ἄνωθεν περὶ τοῦ κατὰ τὴν Παρθένον θαύματος καὶ τῆς ἐξ αὐτῆς γενομένης γεννήσεως προεμήνυον, λέγοντες· "Ἰδοὺ ἡ Παρθένος ἐν 'γαστρὶ ἕξει καὶ τέξεται υἱόν. καὶ καλέσουσι τὸ ''ὄνομα αὐτοῦ Ἐμμανουὴλ, ὅ ἐστι μεθερμηνευόμενον, "μεθ' ἡμῶν ὁ Θεός." 4. Μωσῆς δὲ ὁ τῷ ὄντι μέγας, καὶ παρ' αὐτοῖς πιστευόμενος ἀληθὴς, περὶ τῆς ἐνανθρωπήσεως τοῦ Σωτῆρος ἀντὶ[2] μεγάλου τὸ ῥητὸν

---

[1] XXXIII, 3 The rest of the book is occupied with the refutation (i) of the Jews, (ii) of the Greeks. Both are refuted, firstly, from principles admitted by themselves; and, secondly, from the manifest supersession of their dispensation by that of Christ. With the Jews he begins by appealing to the Old Testament prophecies.

[2] § 4. ἀντὶ μεγάλου, etc. "Estimating what was said" (by Balaam) "as important, and recognising it as true, he set it down in these words," etc.

Old Testament prophecies of Christ. 51

δοκιμάσας καὶ ἀληθὲς ἐπιγνοὺς ἔθηκε λέγων· "'Ανα-
" τελεῖ ἄστρον ἐξ 'Ιακὼβ, καὶ ἄνθρωπος ἐξ 'Ισραὴλ,
" καὶ θραύσει τοὺς ἀρχηγοὺς Μωάβ." καὶ πάλιν
" ὡς καλοί σου οἱ οἶκοι 'Ιακὼβ, αἱ σκηναί σου
"'Ισραὴλ, ὡσεὶ νάπαι σκιάζουσαι, καὶ ὡσεὶ παρά-
" δεισοι ἐπὶ ποταμῶν, καὶ ὡσεὶ σκηναὶ, ἃς ἔπηξεν ὁ
" Κύριος, ὡσεὶ κέδροι παρ' ὕδατα. ἐξελεύσεται ἄν-
" θρωπος ἐκ τοῦ σπέρματος αὐτοῦ, καὶ κυριεύσει
" ἐθνῶν πολλῶν." καὶ πάλιν 'Ησαίας· "Πρὶν ἢ
" γνῶναι τὸ παιδίον καλεῖν πατέρα, ἢ μητέρα, λή-
" ψεται δύναμιν Δαμασκοῦ, καὶ τὰ σκύλα Σαμαρείας
" ἔναντι βασιλέως 'Ασσυρίων" 5. Ὅτι μὲν οὖν
ἄνθρωπος φανήσεται, διὰ τούτων προκαταγγέλλεται.
ὅτι δὲ Κύριος τῶν πάντων ἐστὶν ὁ ἐρχόμενος, πάλιν
προμηνύουσι λέγοντες "'Ιδοὺ Κύριος[1] κάθηται ἐπὶ
" νεφέλης κούφης, καὶ ἥξει εἰς Αἴγυπτον, καὶ σει-
" σθήσεται τὰ χειροποίητα Αἰγύπτου" καὶ γὰρ κα-
κεῖθεν αὐτὸν ὁ Πατὴρ ἀνακαλεῖ λέγων "'Εξ Αἰγύπτου
" ἐκάλεσα τὸν υἱόν μου"

XXXIV Οὐ σεσιώπηται δὲ οὐδὲ ὁ τούτου θάνα-
τος ἀλλὰ καὶ λίαν τηλαυγῶς ἐν ταῖς θείαις σημαίνε-
ται γραφαῖς Καὶ γὰρ καὶ τὴν αἰτίαν τοῦ θανάτου,
ὅτι μὴ δι' ἑαυτὸν, ἀλλ' ὑπὲρ τῆς πάντων ἀθανασίας
καὶ σωτηρίας ὑπομένει, καὶ τὴν 'Ιουδαίων ἐπιβουλὴν,
καὶ τὰς εἰς αὐτὸν γινομένας παρ' αὐτῶν ὕβρεις οὐκ
ἐφοβήθησαν εἰπεῖν, πρὸς τὸ μηδένα αὐτῶν τῶν γινο-
μένων ἀνήκοον εἶναι καὶ πλανηθῆναι. 2. Φασὶ
τοίνυν· "Ἄνθρωπος[2] ἐν πληγῇ ὤν, καὶ εἰδὼς φέρειν
" μαλακίαν, ὅτι ἀπέστραπται τὸ πρόσωπον αὐτοῦ·

[1] XXXIII, 5. See Isaiah, xix, 1
[2] XXXIV, 2 See Isaiah, liii, 3, etc

52 Prophecies from the Old Testament.

"ἠτιμάσθη καὶ οὐκ ἐλογίσθη οὗτος τὰς ἁμαρτίας
"ἡμῶν φέρει, καὶ περὶ ἡμῶν ὀδυνᾶται καὶ ἡμεῖς
"ἐλογισάμεθα αὐτὸν εἶναι ἐν πόνῳ, καὶ ἐν πληγῇ, καὶ
"ἐν κακώσει· αὐτὸς δὲ ἐτραυματίσθη διὰ τὰς ἁμαρ-
"τίας ἡμῶν, καὶ μεμαλάκισται διὰ τὰς ἀνομίας
"ἡμῶν. παιδεία εἰρήνης ἡμῶν ἐπ' αὐτὸν, τῷ μώλωπι
"αὐτοῦ ἡμεῖς ἰάθημεν·" θαύμαζε τὴν τοῦ Λόγου
φιλανθρωπίαν, ὅτι δι' ἡμᾶς ἀτιμάζεται, ἵνα ἡμεῖς
ἔντιμοι γενώμεθα. "Πάντες" γάρ, φησιν, ὡς πρό-
"βατα ἐπλανήθημεν· ἄνθρωπος τῇ ὁδῷ αὐτοῦ ἐπλα-
"νήθη καὶ Κύριος παρέδωκεν αὐτὸν ταῖς ἁμαρτίαις
"ἡμῶν καὶ αὐτὸς διὰ τὸ κεκακῶσθαι οὐκ ἀνοίγει τὸ
"στόμα. ὡς πρόβατον ἐπὶ σφαγὴν ἤχθη, καὶ ὡς
"ἀμνὸς ἐναντίον τοῦ κείροντος αὐτὸν ἄφωνος, οὕτως
"οὐκ ἀνοίγει τὸ στόμα αὐτοῦ· ἐν τῇ ταπεινώσει
"αὐτοῦ ἡ κρίσις αὐτοῦ ἤρθη." 3. Εἶτα, ἵνα μή τις
αὐτὸν κοινὸν ἄνθρωπον ἐκ τοῦ πάθους ὑπολάβῃ,
προλαμβάνει τὰς ὑπονοίας τῶν ἀνθρώπων, καὶ τὴν
ὑπὲρ αὐτοῦ[1] δύναμιν, καὶ τὸ πρὸς ἡμᾶς ἀνόμοιον τῆς
φύσεως διηγεῖται ἡ γραφὴ λέγουσα "Τὴν δὲ γενεὰν
"αὐτοῦ τίς διηγήσεται, ὅτι αἴρεται ἀπὸ τῆς γῆς ἡ
"ζωὴ αὐτοῦ. ἀπὸ τῶν ἀνομιῶν τοῦ λαοῦ ἤχθη εἰς
"θάνατον καὶ δώσω τοὺς πονηροὺς ἀντὶ τῆς ταφῆς
"αὐτοῦ, καὶ τοὺς πλουσίους ἀντὶ τοῦ θανάτου αὐτοῦ·
"ὅτι ἀνομίαν οὐκ ἐποίησεν, οὐδὲ εὑρέθη δόλος ἐν

---

[1] § 3. ὑπὲρ αὐτοῦ. Does αὐτοῦ refer to αὐτὸν above, or to the πάθος? And how, in either case, is ὑπὲρ to be translated? The Ben. version ignores the ὑπὲρ of their text, translating "ejusque potentiam" Can the words bear the sense "[his] power, above *that of a common man*," referring αὐτοῦ to the idea that he was but κοινὸς ἄνθρ?

"τῷ στόματι αὐτοῦ. Καὶ Κύριος βούλεται καθαρίσαι
"αὐτὸν ἀπὸ τῆς πληγῆς."

XXXV. Ἀλλ' ἴσως περὶ μὲν τῆς τοῦ θανάτου προφητείας ἀκούσας, ζητεῖς καὶ τὰ περὶ τοῦ σταυροῦ σημαινόμενα μαθεῖν. οὐδὲ γὰρ οὐδὲ τοῦτο σεσιώπηται· δεδήλωται δὲ καὶ λίαν τηλαυγῶς ἀπὸ τῶν ἁγίων. 2. Μωυσῆς γὰρ πρῶτος καὶ μεγάλῃ τῇ φωνῇ προ-
"παγγέλλει λέγων· "Ὄψεσθε τὴν ζωὴν ὑμῶν κρε-
"μαμένην[1] ἀπέναντι τῶν ὀφθαλμῶν ὑμῶν, καὶ οὐ μὴ
"πιστεύσητε." 3. Καὶ οἱ μετ' αὐτὸν δὲ προφῆται πάλιν περὶ τούτου μαρτυροῦσι λέγοντες· "Ἐγὼ δὲ
"ὡς ἀρνίον ἄκακον ἀγόμενον τοῦ θύεσθαι, οὐκ ἔγνων·
"ἐπ' ἐμὲ ἐλογίσαντο πονηρὸν λογισμὸν λέγοντες·
" δεῦτε, καὶ ἐμβάλωμεν ξύλον εἰς τὸν ἄρτον αὐτοῦ, καὶ
"ἐκτρίψωμεν αὐτὸν ἀπὸ γῆς ζώντων." 4. Καὶ πάλιν, "Ὤρυξαν χεῖράς μου καὶ πόδας μου· ἐξηρίθ-
" μησαν πάντα τὰ ὀστᾶ μου, διεμερίσαντο τὰ ἱμάτιά
"μου ἑαυτοῖς, καὶ ἐπὶ τὸν ἱματισμόν μου ἔβαλον
"κλῆρον." 5. θάνατος δὲ μετέωρος, καὶ ἐν ξύλῳ γινόμενος, οὐκ ἄλλος ἂν εἴη, εἰ μὴ ὁ σταυρός· καὶ ἐν οὐδενὶ δὲ πάλιν θανάτῳ διορύσσονται πόδες καὶ χεῖρες, εἰ μὴ ἐν μόνῳ τῷ σταυρῷ· 6. Ἐπειδὴ δὲ τῇ τοῦ Σωτῆρος ἐπιδημίᾳ καὶ πάντα τὰ ἔθνη πανταχόθεν ἐπιγινώσκειν τὸν Θεὸν ἤρξαντο, οὐδὲ τοῦτο ἀπαρασήμαντον κατέλειψαν· ἀλλ' ἔστι καὶ περὶ τούτων μνήμη ἐν τοῖς ἁγίοις γράμμασιν. "Ἔσται" γάρ,
"φησιν, ἡ ῥίζα τοῦ Ἰεσσαί, καὶ ὁ ἀνιστάμενος ἄρχειν
"ἐθνῶν, ἐπ' αὐτῷ ἔθνη ἐλπιοῦσι." ταῦτα μὲν ὀλίγα πρὸς ἀπόδειξιν τῶν γενομένων. 7. Πᾶσα δὲ γραφὴ

---

[1] Deut xxviii, 66 The sense in the original context is different.

Prophecies of His Birth

πεπλήρωται διελέγχουσα τὴν Ἰουδαίων ἀπιστίαν. τίς γὰρ πώποτε τῶν ἐν ταῖς θείαις γραφαῖς ἱστορηθέντων δικαίων, καὶ ἁγίων προφητῶν, καὶ πατριαρχῶν, ἐκ παρθένου μόνης ἔσχε τὴν τοῦ σώματος γένεσιν; ἤ τίς γυνὴ χωρὶς ἀνδρὸς αὐτάρκης γέγονε πρὸς σύστασιν ἀνθρώπων; οὐκ Ἄβελ μὲν ἐξ Ἀδάμ γέγονεν, Ἐνὼχ δὲ ἐκ τοῦ Ἰάρεδ, Νῶε ἐκ Λαμέχ, καὶ Ἀβραὰμ μὲν ἐκ Θάρρα, Ἰσαὰκ δὲ ἐξ Ἀβραὰμ, καὶ Ἰακὼβ ἐξ Ἰσαάκ; οὐχὶ Ἰούδας ἐξ Ἰακὼβ, καὶ Μωυσῆς καὶ Ἀαρὼν ἐξ Ἀμεράμ, οὐ Σαμουὴλ τοῦ Ἐλκανᾶ γέγονεν, οὐ Δαβὶδ τοῦ Ἰεσσαὶ, οὐ Σολομὼν τοῦ Δαβὶδ, οὐκ Ἐζεχίας τοῦ Ἀχὰζ, οὐκ Ἰωσίας τοῦ Ἀμὼς, οὐχ Ἡσαΐας τοῦ Ἀμὼς, οὐχὶ Ἱερεμίας τοῦ Χελκίου, οὐκ Ἰεζεχιὴλ τοῦ Βουζί; οὐχ ἕκαστος ἔσχε πατέρα τὸν τῆς γενέσεως ἀρχηγόν; τίς οὖν ὁ ἐκ παρθένου μόνης γεγονώς; ὅτι καὶ λίαν ἐμέλησε τῷ προφήτῃ περὶ τῆς τούτου σημασίας. 8. Τίνος δὲ τῆς γενέσεως προέδραμεν ἀστὴρ ἐν οὐρανοῖς, καὶ τὸν γεννηθέντα ἐσήμανε τῇ οἰκουμένῃ; Μωυσῆς μὲν γὰρ γεννώμενος, ἐκρύπτετο ὑπὸ τῶν γονέων· Δαβὶδ δὲ οὐδὲ τοῖς ἐκ γειτόνων ἠκούσθη, ὅπουγε οὐδὲ ὁ μέγας Σαμουὴλ αὐτὸν ἐγίνωσκεν· ἀλλ' ἐπυνθάνετο, εἰ ἔτι ἄλλος ἐστὶν υἱὸς τῷ Ἰεσσαί; Ἀβραὰμ δὲ λοιπὸν γεγονὼς μέγας ἐγνώσθη τοῖς ἐγγύς· τῆς δὲ τοῦ Χριστοῦ γενέσεως μάρτυς οὐκ ἄνθρωπος, ἀλλ' ἀστὴρ φαινόμενος ἦν ἐν οὐρανῷ, ὅθεν καὶ κατέβαινεν

XXXVI. Τίς δὲ πώποτε τῶν γενομένων βασιλέων πρὶν ἰσχῦσαι καλεῖν πατέρα ἢ μητέρα ἐβασίλευσεν καὶ τρόπαια κατὰ τῶν ἐχθρῶν εἴληφεν; Οὐ Δαβὶδ τριακονταετὴς ἐβασίλευσε καὶ Σολομὼν νέος γεγονὼς ἐβασίλευσεν; Οὐκ Ἰωάς ἐτῶν ἑπτὰ γενόμενος ἐπὶ τὴν βασιλείαν παρῆλθε, καὶ ὁ ἔτι κατωτέρω Ἰωσίας περὶ ἔτη γεγονὼς ἑπτὰ τῆς ἀρχῆς ἀντελάβετο; ἀλλὰ καὶ ὅμως οὗτοι ταύτην ἄγοντες τὴν ἡλικίαν, ἴσχυον καλεῖν πατέρα ἢ μητέρα 2 Τίς οὖν ἄρα ἐστὶν ὁ σχεδὸν πρὶν γενέσεως βασιλεύων, καὶ σκυλεύων τοὺς ἐχθρούς, τίς δὲ τοιοῦτος γέγονε βασιλεὺς ἐν τῷ Ἰσραὴλ, καὶ ἐν τῷ Ἰούδα, λεγέτωσαν Ἰουδαῖοι οἱ διερευνήσαντες, ἐφ' ὃν τὰ ἔθνη πάντα τὴν ἐλπίδα τέθεινται καὶ εἰρήνην εἶχε; καὶ οὐ μᾶλλον ἠναντιοῦντο πανταχόθεν αὐτοῖς; 3. Ἕως γὰρ συνειστήκει Ἱερουσαλὴμ, πόλεμος ἦν ἄσπονδος αὐτοῖς, καὶ ἐμάχοντο πάντες πρὸς τὸν Ἰσραὴλ, Ἀσσύριοι μὲν θλίβοντες, Αἰγύπτιοι δὲ διώκοντες, Βαβυλώνιοι δὲ ἐπιβαίνοντες καὶ τό γε θαυμαστὸν, ὅτι καὶ Σύρους τοὺς ἐκ γειτόνων ἀντιπολεμοῦντας εἶχον αὐτοῖς. ἢ οὐχὶ Δαβὶδ τοὺς ἐν Μωὰβ ἐπολέμει, καὶ τοὺς Σύρους ἐξέκοπτεν, Ἰωσίας τοὺς πλησίον ἐφυλάττετο, καὶ Ἐξεχίας ἐδειλία τὴν ἀλαζονείαν τοῦ Σεναχηρείμ, καὶ Μωυσεῖ ὁ Ἀμαλὴκ ἐστρατεύετο, καὶ οἱ Ἀμορραῖοι ἠναντιοῦντο, Ἰησοῦ τῷ τοῦ Ναυῆ οἱ τὴν Ἱεριχὼ κατοικοῦντες ἀντιπαρετάσσοντο; καὶ ὅλως ἄσπονδα ἦν τοῖς ἔθνεσι πρὸς τὸν Ἰσραὴλ τὰ τῆς φιλίας; τίς οὖν ἐστιν εἰς ὃν τὰ ἔθνη τὴν ἐλπίδα τίθεται, ἄξιον ἰδεῖν· εἶναι γὰρ δεῖ ἐπεὶ καὶ τὸν προφήτην ἀδύνατον ψεύσασθαι. 4. Τίνος δὲ τῶν ἁγίων προφητῶν ἢ τῶν ἄνωθεν πατριαρχῶν ὁ θάνατος ἐν σταυρῷ γέγονεν ὑπὲρ τῆς πάντων σωτηρίας; ἢ τίς ἐτραυματίσθη καὶ ἀνηρέθη ὑπὲρ τῆς πάντων ὑγείας; τίς δὲ τῶν δικαίων, ἢ τῶν Βασιλέων κατῆλθεν εἰς Αἴγυπτον, καὶ τῇ τούτου καθόδῳ τὰ τῶν Αἰγυπτίων εἴδωλα πέπτωκεν; Ἀβραὰμ μὲν γὰρ κατῆλθεν, ἀλλὰ πάλιν ἡ εἰδωλο-

These prophecies fulfilled in Christ only.

λατρ'α κατὰ πάντων ἐπεκράτησε. Μωυσῆς ἐκεῖ γεγένηται, καὶ οὐδὲν ἧττον ἦν ἐκεῖ ἡ τῶν πεπλανημένων θρησκεία.

XXXVII Τίς δὲ τῶν ἐν τῇ γραφῇ μαρτυρουμένων διωρύχθη τὰς χεῖρας καὶ τοὺς πόδας, ἢ ὅλως ἐπὶ ξύλου κεκρέμασται, καὶ σταυρῷ τετελείωται ὑπὲρ τῆς πάντων σωτηρίας; Ἀβραὰμ μὲν γὰρ ἐπὶ κλίνης ἐκλείπων ἀπέθανεν Ἰσαὰκ δὲ καὶ Ἰακὼβ καὶ αὐτοὶ ἐξάραντες τοὺς πόδας ἐπὶ κλίνης ἀπέθανον. Μωυσῆς καὶ Ἀαρὼν ἐν τῷ ὄρει, Δαβὶδ ἐν τῷ οἴκῳ τετελεύτηκεν, οὐδεμίαν ἐπιβουλὴν ὑπὸ τῶν λαῶν παθών. εἰ δὲ καὶ ἐζητήθη ὑπὸ τοῦ Σαοὺλ, ἀλλ' ἀβλαβὴς ἐσώζετο. Ἡσαίας ἐπρίσθη μὲν, ἀλλ' οὐκ ἐπὶ ξύλου κεκρέμασται Ἱερεμίας ὑβρίσθη ἀλλ' οὐ κατακριθεὶς ἀπέθανεν Ἰεζεχιὴλ ἔπασχεν, ἀλλ' οὐχ ὑπὲρ τοῦ λαοῦ, ἀλλὰ τὰ ἐσόμενα κατὰ τοῦ λαοῦ σημαίνων. 2. Ἔπειτα οὗτοι καὶ πάσχοντες, ἄνθρωποι ἦσαν, ὁποῖοι καὶ πάντες κατὰ τὴν τῆς φύσεως ὁμοιότητα, ὁ δὲ σημαινόμενος ἐκ τῶν γραφῶν ὑπὲρ πάντων πάσχειν, οὐκ ἁπλῶς ἄνθρωπος, ἀλλὰ ζωὴ πάντων λέγεται, κἂν ὅμοιος κατὰ τὴν φύσιν τοῖς ἀνθρώποις ἐτύγχανε. "Ὄψεσθε" γάρ, φησι,[1] "τὴν "ζωὴν ὑμῶν κρεμαμένην ἀπέναντι τῶν ὀφθαλμῶν 'ὑμῶν,' καὶ "Τὴν γενεὰν αὐτοῦ τίς διηγήσεται," πάντων μὲν γὰρ τῶν ἁγίων τὴν γενεάν τις μαθὼν, δύναται ἄνωθεν διηγήσασθαί τις, καὶ πόθεν ἕκαστος γέγονε· τοῦ δὲ τυγχάνοντος ζωῆς ἀδιήγητον τὴν γενεὰν οἱ θεῖοι σημαίνουσι λόγοι 3. Τίς οὖν ἐστι, περὶ οὗ ταῦτα λέγουσιν αἱ θεῖαι γραφαί, ἢ τίς τηλικοῦτος, ὡς καὶ τοὺς προφήτας περὶ αὐτοῦ τοσαῦτα

[1] See above, xxxv, 2

προκαταγγέλλειν; ἀλλὰ γὰρ οὐδεὶς ἄλλος ἐν ταῖς γραφαῖς εὑρίσκεται, πλὴν τοῦ κοινοῦ πάντων Σωτῆρος τοῦ Θεοῦ Λόγου τοῦ Κυρίου ἡμῶν Ἰησοῦ Χριστοῦ. οὗτος γάρ ἐστιν ὁ ἐκ παρθένου προελθὼν καὶ ἄνθρωπος ἐπὶ γῆς φανείς, καὶ ἀδιήγητον ἔχων τὴν κατὰ σάρκα γενεάν. οὐ γάρ ἐστιν ὃς δύναται τὸν κατὰ σάρκα πατέρα τούτου λέγειν, οὐκ ὄντος τοῦ σώματος αὐτοῦ ἐξ ἀνδρὸς, ἀλλ᾽ ἐκ παρθένου μόνης 4 Ὥσπερ οὖν τοῦ Δαβὶδ, καὶ Μωυσέως, καὶ πάντων τῶν πατριαρχῶν τοὺς πατέρας τις γενεαλογεῖν δύναται· οὕτως οὐδεὶς δύναται τὴν κατὰ σάρκα γενεὰν τοῦ Σωτῆρος ἐξ ἀνδρὸς διηγήσασθαι. οὗτος γάρ ἐστιν ὁ καὶ τὸν ἀστέρα σημαίνειν τὴν τοῦ σώματος γένεσιν ποιήσας ἔδει γὰρ ἀπὸ οὐρανοῦ κατερχόμενον τὸν Λόγον, ἐξ οὐρανοῦ καὶ τὴν σημασίαν ἔχειν καὶ ἔδει τὸν τῆς κτίσεως βασιλέα προερχόμενον, ἐμφανῶς ὑπὸ πάσης τῆς κτίσεως γινώσκεσθαι 5 Ἀμέλει ἐν Ἰουδαίᾳ ἐγεννᾶτο, καὶ οἱ ἀπὸ Περσίδος ἤρχοντο προσκυνῆσαι αὐτῷ. οὗτός ἐστιν ὁ καὶ πρὶν τῆς σωματικῆς ἐπιφανείας λαβὼν τὴν κατὰ τῶν ἀντικειμένων δαιμόνων νίκην, καὶ κατὰ τῆς εἰδωλολατρίας τρόπαια. πάντες γοῦν πανταχόθεν οἱ ἀπὸ τῶν ἐθνῶν, ἐξομνύμενοι τὴν πάτριον συνήθειαν καὶ τὴν εἰδώλων ἀθεότητα, πρὸς τὸν Χριστὸν λοιπὸν τὴν ἐλπίδα τίθενται, καὶ αὐτῷ καταγράφουσιν ἑαυτοὺς, ὡς καὶ τοῖς ὀφθαλμοῖς ἔξεστιν ἰδεῖν τὸ τοιοῦτο 6. Οὐδὲ γὰρ ἄλλοτε ἡ τῶν Αἰγυπτίων ἀθεότης πέπαυται, εἰ μὴ ὅτε ὁ Κύριος τοῦ παντὸς, ὡς ἐπὶ νεφέλης ἐποχούμενος, τῷ σώματι κατῆλθεν ἐκεῖ, καὶ τὴν τῶν εἰδώλων κατήργησεν πλάνην, πάντας δὲ εἰς ἑαυτὸν καὶ δι᾽ ἑαυτοῦ πρὸς τὸν Πατέρα μετήνεγκεν 7.

Οὗτός ἐστιν ὁ σταυρωθεὶς ἐπὶ μάρτυρι τῷ ἡλίῳ καὶ τῇ κτίσει καὶ τοῖς αὐτῷ τὸν θάνατον προσαγαγοῦσι· καὶ τῷ τούτου θανάτῳ ἡ σωτηρία πᾶσι γέγονε, καὶ ἡ κτίσις πᾶσα λελύτρωται. οὗτός ἐστιν ἡ πάντων ζωή, καὶ ὁ ὡς πρόβατον ὑπὲρ τῆς πάντων σωτηρίας ἀντίψυχον τὸ ἑαυτοῦ σῶμα εἰς θάνατον παραδοὺς, κἂν Ἰουδαῖοι μὴ πιστεύωσιν.

XXXVIII. Εἰ γὰρ μὴ αὐτάρκη νομίζουσι ταῦτα, κἂν ἐξ ἑτέρων πειθέσθωσαν ἀφ' ὧν αὐτοὶ πάλιν ἔχουσι λογίων. περὶ τίνος γὰρ λέγουσιν οἱ προφῆται, "Ἐμφανὴς ἐγενόμην τοῖς ἐμὲ μὴ ζητοῦσιν, εὑρέθην " τοῖς ἐμὲ μὴ ἐπερωτῶσιν εἶπα ἰδού εἰμι τῷ ἔθνει οἳ " οὐκ ἐκάλεσάν μου τὸ ὄνομα· ἐξεπέτασα τὰς χεῖράς " μου πρὸς λαὸν ἀπειθοῦντα καὶ ἀντιλέγοντα;" 2. Τίς οὖν ἐστὶν ὁ ἐμφανὴς γενόμενος, εἴποι τις πρὸς Ἰουδαίους, εἰ μὲν γὰρ ὁ προφήτης ἐστὶ, λεγέτωσαν πότε ἐκρύπτετο, ἵνα καὶ ὕστερον φανῇ, ποῖος δὲ οὗτός ἐστιν ὁ προφήτης ὁ καὶ ἐμφανὴς ἐξ ἀφανῶν[1] γενόμενος, καὶ τὰς χεῖρας ἐκπετάσας ἐπὶ τοῦ σταυροῦ; τῶν μὲν οὖν δικαίων οὐδεὶς, μόνος δὲ ὁ τοῦ Θεοῦ Λόγος, ὁ ἀσώματος ὢν τὴν φύσιν καὶ δι' ἡμᾶς τῷ σώματι φανεὶς καὶ ὑπὲρ πάντων παθών 3 Ἡ εἰ μηδὲ τοῦτο αὔταρκες αὐτοῖς, κἂν ἐξ ἑτέρων δυσωπείσθωσαν, οὕτως ἐναργῆ τὸν ἔλεγχον ὁρῶντες. φησὶ γὰρ ἡ γραφή Ἰσχύσατε χεῖρες ἀνειμέναι ⟨καὶ⟩ γόνατα παραλελυμένα· παρακαλέσατε οἱ ὀλιγόψυχοι τῇ διανοίᾳ· ἰσχύσατε, μὴ φοβεῖσθε ἰδοὺ ὁ Θεὸς ἡμῶν κρίσιν ἀνταποδίδασιν, αὐτὸς ἥξει καὶ σώσει ἡμᾶς τότε ἀνοιχθήσονται οἱ ὀφθαλμοὶ τυφλῶν,

---

[1] XXXVIII, 2 ἐξ ἀφαν, etc. Was made manifest, having before been invisible

Further prophecies

καὶ ὦτα κωφῶν ἀκούσονται τότε ἁλεῖται ὡς ἔλαφος ὁ χωλὸς, καὶ τρανὴ ἔσται γλῶσσα μογγιλάλων.[1] 4 Τί τοίνυν καὶ περὶ τούτου δύνανται λέγειν, ἢ πᾶς ὅλως καὶ πρὸς τοῦτο τολμῶσιν ἀντιβλέπειν, ἡ μὲν γὰρ προφητεία Θεὸν ἐπιδημεῖν σημαίνει, τὰ δὲ σημεῖα, καὶ τὸν χρόνον τῆς παρουσίας γνωρίζει τό τε γὰρ τυφλοὺς ἀναβλέπειν, καὶ χωλοὺς περιπατεῖν, καὶ κωφοὺς ἀκούειν, καὶ τρανοῦσθαι μογγιλάλων τὴν γλῶσσαν, ἐπὶ τῇ γινομένῃ θείᾳ παρουσίᾳ λέγουσι πότε τοίνυν γέγονε τοιαῦτα σημεῖα ἐν τῷ Ἰσραήλ; ἢ ποῦ τοιοῦτόν τι γέγονεν ἐν τῇ Ἰουδαίᾳ, λεγέτωσαν. 5. Λεπρὸς ἐκαθαρίσθη Νααμὰν, ἀλλ᾽ οὐ κωφὸς ἤκουσεν, οὐδὲ χωλὸς περιεπάτησε νεκρὸν ἤγειρεν Ἡλίας καὶ Ἐλισσαῖος ἀλλ᾽ οὐκ ἐκ γενετῆς ἀνέβλεψε τυφλός μέγα μὲν γὰρ καὶ τὸ ἐγεῖραι νεκρὸν ἀληθῶς, ἀλλ᾽ οὐ τοιοῦτον, ὁποῖον τὸ παρὰ τοῦ Σωτῆρος θαῦμα πλὴν εἰ τὸ περὶ τοῦ λεπροῦ καὶ τοῦ νεκροῦ τῆς χήρας οὐ σεσιώπηκεν ἡ γραφή· πάντως εἰ ἐγεγόνει καὶ χωλόν περιπατεῖν καὶ τυφλὸν ἀναβλέπειν, οὐκ ἂν παρῆκε καὶ ταῦτα δηλῶσαι ὁ λόγος ἐπειδὴ δὲ σεσιώπηται ἐν ταῖς γραφαῖς, δῆλόν ἐστι μὴ γεγενῆσθαι ταῦτα πρότερον 6. Πότε οὖν γέγονε ταῦτα, εἰ μὴ ὅτε αὐτὸς ὁ τοῦ Θεοῦ Λόγος ἐν σώματι παραγέγονε, πότε δὲ παραγέγονεν, εἰ μὴ ὅτε χωλοὶ περιεπάτησαν, καὶ μογγιλάλοι ἐτρανώθησαν, καὶ κωφοὶ ἤκουσαν, καὶ τυφλοὶ ἐκ γενετῆς ἀνέβλεψαν, καὶ τοῦτο γὰρ καὶ οἱ τότε θεωροῦντες Ἰουδαῖοι ἔλεγον ὡς οὐκ ἄλλοτε ταῦτα γενόμενα ἀκούσαντες "Ἐκ τοῦ αἰῶνος οὐκ "ἠκούσθη, ὅτι ἠνέῳξέ τις ὀφθαλμοὺς τυφλοῦ γεγενη-"μένου· εἰ μὴ ἦν οὗτος παρὰ τοῦ Θεοῦ, οὐκ ἠδύνατο "ποιεῖν οὐδέν."

[1] § 3 μογγιλάλων, for μογιλάλων

XXXIX. Ἀλλ' ἴσως μὴ δυνάμενοι καὶ αὐτοὶ πρὸς τὰ φανερὰ διαμάχεσθαι, οὐκ ἀρνήσονται μὲν τὰ γεγραμμένα, προσδοκᾶν δὲ ταῦτα καὶ μηδέπω παραγεγενῆσθαι τὸν Θεὸν Λόγον διαβεβαιώσονται. τοῦτο γὰρ ἄνω καὶ κάτω θρυλλοῦντες, οὐκ ἐρυθριῶσιν ἀναιδευόμενοι πρὸς τὰ φανερά. 2. Ἀλλὰ περὶ τούτου καὶ πρὸ πάντων μᾶλλον ἐλεγχθήσονται, οὐ παρ' ἡμῶν, ἀλλὰ παρὰ τοῦ σοφωτάτου Δανιὴλ σημαίνοντος καὶ τὸν παρόντα καιρὸν, καὶ τὴν θείαν τοῦ Σωτῆρος ἐπιδημίαν, καὶ λέγοντος· "Ἑβδομήκοντα ἑβδο- "μάδες συνετμήθησαν ἐπὶ τὸν λαόν σου, καὶ ἐπὶ τὴν "πόλιν τὴν ἁγίαν, τοῦ συντελεσθῆναι ἁμαρτίαν, καὶ "τοῦ σφραγισθῆναι ἁμαρτίας, καὶ ἀπαλεῖψαι τὰς 'ἀδικίας, καὶ τοῦ ἐξιλάσασθαι τὰς ἀδικίας, καὶ τοῦ "ἀγαγεῖν δικαιοσύνην αἰώνιον, καὶ τοῦ σφραγίσαι "ὅρασιν καὶ προφήτην, καὶ τοῦ χρῖσαι ἅγιον ἁγίων, "καὶ γνώσῃ καὶ συνήσεις ἀπὸ ἐξόδου λόγου τοῦ 'ἀποκριθῆναι, καὶ τοῦ οἰκοδομῆσαι Ἱερουσαλὴμ, ἕως "Χριστοῦ ἡγουμένου." 3. Ἴσως ἐπὶ τοῖς ἄλλοις κἂν προφάσεις εὑρίσκειν δύνανται, καὶ εἰς μέλλοντα χρόνον ἀναβάλλεσθαι τὰ γεγραμμένα. τί δὲ πρὸς ταῦτα λέγειν ἢ ὅλως ἀντωπῆσαι δύνανται, ὅπουγε καὶ ὁ Χριστὸς σημαίνεται, καὶ ὁ χριόμενος οὐκ ἄνθρωπος ἁπλῶς, ἀλλ' ἅγιος ἁγίων εἶναι καταγγέλλεται, καὶ ἕως τῆς παρουσίας αὐτοῦ Ἱερουσαλὴμ συνίσταται, καὶ λοιπὸν παύεται προφήτης καὶ ὅρασις ἐν τῷ Ἰσραήλ. 4. Ἐχρίσθη πάλαι Δαβὶδ, καὶ Σολομὼν, καὶ Ἐζεχίας, ἀλλὰ καὶ πάλιν Ἱερουσαλὴμ, καὶ ὁ τόπος συνειστήκει, καὶ προφῆται προεφήτευον, Γὰδ, καὶ Ἀσὰφ, καὶ Νάθαν, καὶ ὁ μετ' αὐτοὺς Ἡσαΐας, καὶ Ὡσήε, καὶ Ἀμὼς, καὶ ἄλλοι. ἔπειτα

The Jews refuted from facts

καὶ αὐτοὶ οἱ χρισθέντες ἄνθρωποι ἅγιοι, καὶ οὐχ ἅγιοι ἁγίων, ἐκλήθησαν 5. Ἀλλ' ἐὰν τὴν αἰχμαλωσίαν προβάλωνται, καὶ δι' αὐτὴν μὴ εἶναι λέγωσι τὴν Ἱερουσαλήμ· τί καὶ περὶ τῶν προφητῶν ἂν εἴποιεν; καὶ γὰρ πάλαι καταβαίνοντος τοῦ λαοῦ εἰς Βαβυλῶνα, ἦσαν ἐκεῖ Δανιὴλ καὶ Ἱερεμίας προεφήτευον δὲ Ἰεζεχιὴλ καὶ Ἀγγαῖος καὶ Ζαχαρίας

XL. Οὐκοῦν μυθολογοῦσιν Ἰουδαῖοι, καὶ παρόντα τὸν νῦν[1] καιρὸν ὑπερτίθενται. πότε γὰρ προφήτης ἢ ὅρασις ἐπαύσατο ἀπὸ τοῦ Ἰσραὴλ, εἰ μὴ ὅτε ὁ ἅγιος τῶν ἁγίων Χριστὸς παρεγένετο, σημεῖον γὰρ καὶ μέγα γνώρισμα τῆς τοῦ Θεοῦ Λόγου παρουσίας, τὸ μηκέτι μήτε τὴν Ἱερουσαλὴμ ἑστάναι, μήτε προφήτην ἐγερθῆναι, μήτε ὅρασιν ἀποκαλύπτεσθαι τούτοις, καὶ μάλα εἰκότως. 2. Ἐλθόντος γὰρ τοῦ σημαινομένου, τίς ἔτι χρεία τῶν σημαινόντων ἦν; καὶ παρούσης τῆς ἀληθείας, τίς ἔτι χρεία τῆς σκιᾶς ἦν; διὰ τοῦτο γὰρ καὶ προεφήτευον ἕως ἂν ἔλθῃ ἡ αὐτοδικαιοσύνη, καὶ ὁ λυτρούμενος τὰς ἁπάντων ἁμαρτίας. διὰ τοῦτο καὶ Ἱερουσαλὴμ ἐπὶ τοσοῦτον συνειστήκει ἵν' ἐκεῖ προμελετῶσι τῆς ἀληθείας[2] τοὺς τύπους 3. Παρόντος τοίνυν τοῦ ἁγίου τῶν ἁγίων, εἰκότως ἐσφραγίσθη καὶ ὅρασις καὶ προφητεία, καὶ ἡ τῆς Ἱερουσαλὴμ βασιλεία πέπαυται. ἐπὶ τοσοῦτον γὰρ ἐχρίοντο παρ' αὐτοῖς βασιλεῖς, ἕως ἂν ἐχρίσθη ὁ ἅγιος τῶν ἁγίων καὶ Ἰακὼβ δὲ ἕως αὐτοῦ τὴν Ἰουδαίων ἵστασθαι βα-

---

[1] XL, 1 παρόντα—ὑπερτίθενται "The time in question (τὸν νῦν), which they postpone, is (really) come." παρόντα is a tertiary predicate.

[2] § 2 τῆς ἀληθ. Governed by the προ- in the verb—"that there they might be exercised in the types, as a preparation for the reality."

σιλείαν προφητεύει λέγων· "Οὐκ ἐκλείψει ἄρχων "ἐξ Ἰούδα, καὶ ἡγούμενος ἐκ τῶν μηρῶν αὐτοῦ, ἕως ' ἂν ἔλθῃ τὰ ἀποκείμενα αὐτῷ, καὶ αὐτὸς προσδοκία "ἐθνῶν." 4 Ὅθεν καὶ αὐτὸς ὁ Σωτὴρ ἐβόα λέγων· · 'Ο νόμος καὶ οἱ προφῆται ἕως Ἰωάννου προεφήτευ- "σαν.' εἰ μὲν οὖν ἐστὶ παρὰ Ἰουδαίοις νῦν βασιλεὺς, ἢ προφήτης, ἢ ὅρασις, καλῶς ἀρνοῦνται τὸν ἐλθόντα Χριστόν. εἰ δὲ μήτε βασιλεὺς, μήτε ὅρασις ἀλλ' ἐσφράγισται λοιπὸν καὶ πᾶσα προφητεία, καὶ ἡ πόλις καὶ ὁ ναὸς ἑάλω τί τοσοῦτον ἀσεβοῦσι, καὶ παραβαίνουσιν, ὥστε τὰ μὲν γενόμενα ὁρᾶν, τὸν δὲ ταῦτα πεποιηκότα Χριστὸν ἀρνεῖσθαι, τί δὲ καὶ τοὺς ἀπὸ τῶν ἐθνῶν θεωροῦντες καταλιμπάνοντας τὰ εἴδωλα, καὶ ἐπὶ τὸν Θεὸν Ἰσραὴλ διὰ τοῦ Χριστοῦ ἔχοντας τὴν ἐλπίδα, ἀρνοῦνται τὸν ἐκ τῆς ῥίζης Ἰεσσαὶ κατὰ σάρκα γενόμενον Χριστὸν καὶ βασιλεύοντα λοιπόν; εἰ μὲν γὰρ ἄλλον ἐθρήσκευον τὰ ἔθνη θεὸν, ἀλλὰ μὴ τὸν Θεὸν Ἀβραὰμ καὶ Ἰσαὰκ καὶ Ἰακὼβ καὶ Μωυσέως ὡμολόγουν καλῶς ἂν πάλιν προεφασίζοντο μὴ ἐληλυθέναι τὸν Θεόν 5. Εἰ δὲ τὸν Μωυσῆ δεδωκότα τὸν νόμον, καὶ τῷ Ἀβραὰμ ἐπαγγειλάμενον Θεὸν, καὶ οὗ τὸν λόγον ἠτίμασαν οἱ Ἰουδαῖοι, τοῦτον τὰ ἔθνη σέβουσιν, διὰ τί μὴ γινώσκουσι, μᾶλλον δὲ διὰ τί ἑκόντες παρορῶσιν, ὅτι ὁ προφητευόμενος ὑπὸ τῶν γραφῶν Κύριος ἐπέλαμψε τῇ οἰκουμένῃ, καὶ ἐπεφάνη σωματικῶς αὐτῇ, καθὼς εἶπεν ἡ γραφή· "Κύριος[1] ὁ Θεὸς ἐπέφανεν ἡμῖν" καὶ πάλιν· "Ἐξαπέστειλε τὸν Λόγον αὐτοῦ καὶ "ἰάσατο αὐτούς" καὶ πάλιν "Οὐ πρέσβυς,[2] οὐκ

---

[1] § 5 See Ps cxviii, 27, and, for the literal sense, Num. vi, 25
[2] See Isa lxiii, 9 (LXX), and the note in Cheyne and Driver's ed of the *Authorised Version*

"ἄγγελος, ἀλλ' αὐτὸς ὁ Κύριος ἔσωσεν αὐτούς.' 6 Ὅμοιον δὲ πάσχουσιν, ὡς εἴ τις παραπεπληγὼς τὴν διάνοιαν, τὴν μὲν γῆν φωτιζομένην ὑπὸ τοῦ ἡλίου βλέπει, τὸν δὲ ταύτην φωτίζοντα ἥλιον ἀρνεῖται. τί γὰρ καὶ πλεῖον ἐλθὼν ὁ προσδοκώμενος παρ' αὐτοῖς ἔχει ποιῆσαι; καλέσαι τὰ ἔθνη; ἀλλ' ἔφθασε κληθῆναι ἀλλὰ παῦσαι προφήτην, καὶ βασιλέα, καὶ ὅρασιν; γέγονεν ἤδη καὶ τοῦτο τὴν εἰδώλων ἀθεότητα διελέγξα·; διηλέγχθη ἤδη καὶ κατεγνώσθη. ἀλλὰ τὸν θάνατον καταργῆσαι, κατήργηται ἤδη 7. Τί τοίνυν οὐ γέγονεν, ὃ δεῖ τὸν Χριστὸν ποιῆσαι, ἢ τί περιλείπεται, ὃ μὴ πεπλήρωται, ἵνα νῦν χαίρωσιν οἱ Ἰουδαῖοι καὶ ἀπιστῶσιν, εἰ γὰρ δὴ, ὥσπερ οὖν καὶ ὁρῶμεν, οὔτε βασιλεὺς, οὔτε προφήτης, οὔτε Ἱερουσαλὴμ, οὔτε θυσία, οὔτε ὅρασίς ἐστι παρ' αὐτοῖς· ἀλλὰ καὶ πᾶσα πεπλήρωται ἡ γῆ τῆς γνώσεως τοῦ Θεοῦ, καὶ οἱ ἀπὸ τῶν ἐθνῶν καταλιμπάνοντες τὴν ἀθεότητα, λοιπὸν πρὸς τὸν Θεὸν Ἀβραὰμ καταφεύγουσι διὰ τοῦ λόγου τοῦ Κυρίου ἡμῶν Ἰησοῦ Χριστοῦ· δῆλον ἂν εἴη καὶ τοῖς λίαν ἀναισχυντοῦσιν ἐληλυθέναι τὸν Χριστὸν, καὶ αὐτὸν πάντας ἁπλῶς τῷ ἑαυτοῦ φωτὶ καταλάμψαντα, καὶ διδάξαντα περὶ τοῦ ἑαυτοῦ Πατρὸς τὴν ἀληθῆ καὶ θείαν διδασκαλίαν 8. Ἰουδαίους μὲν οὖν ἐκ τούτων καὶ τῶν πλειόνων, παρὰ τῶν θείων γραφῶν εἰκότως ἄν τις ἐλέγξειε.

XLI. Ἕλληνας δὲ καὶ πάνυ τις θαυμάσειε γελῶντας μὲν τὰ ἀχλεύαστα, πεπηρωμένους δὲ αὐτοὺς ἐπὶ τῇ ἑαυτῶν αἰσχύνῃ, ἣν ἐν ξύλοις καὶ λίθοις ἀναθέντες οὐχ ὁρῶσι. 2. Πλὴν οὐκ ἀποροῦντος ἐν ἀποδείξεσι τοῦ παρ' ἡμῖν λόγου, φέρε καὶ τούτους ἐκ τῶν εὐλόγων δυσωπήσωμεν, μάλιστα

64 The Gentiles refuted from philosophical principles

ἀφ' ὧν καὶ αὐτοὶ ἡμεῖς ὁρῶμεν. τί γὰρ ἄτοπον, ἢ τί χλεύης παρ' ἡμῖν ἄξιον, ἢ πάντως ὅτι τὸν Λόγον ἐν σώματι πεφανερῶσθαι λέγομεν; ἀλλὰ τοῦτο καὶ αὐτοὶ συνομολογήσουσι μὴ ἀτόπως γεγενῆσθαι, ἐάνπερ τῆς ἀληθείας γένωνται φίλοι 3. Εἰ μὲν οὖν ὅλως ἀρνοῦνται Λόγον εἶναι Θεοῦ, περιττῶς[1] ποιοῦσι, περὶ οὗ μὴ ἴσασι χλευάζοντες. 4. Εἰ δὲ ὁμολογοῦσι Λόγον εἶναι Θεοῦ, καὶ τοῦτον ἡγεμόνα τοῦ παντὸς, καὶ ἐν αὐτῷ τὸν Πατέρα δεδημιουργηκέναι τὴν κτίσιν, καὶ τῇ τούτου προνοίᾳ τὰ ὅλα φωτίζεσθαι, καὶ ζωογονεῖσθαι, καὶ εἶναι, καὶ ἐπὶ πάντων αὐτὸν βασιλεύειν, ὡς ἐκ τῶν ἔργων τῆς προνοίας γινώσκεσθαι αὐτὸν καὶ δι' αὐτοῦ τὸν Πατέρα σκόπει, παρακαλῶ, εἰ μὴ τὴν χλεύην καθ' ἑαυτῶν κινοῦντες ἀγνοοῦσι. 5 Τὸν κόσμον σῶμα[2] μέγα φασὶν εἶναι οἱ τῶν Ἑλλήνων φιλόσοφοι, καὶ ἀληθεύουσι λέγοντες. Ὁρῶμεν γὰρ αὐτὸν καὶ τὰ τούτου μέρη ταῖς αἰσθήσεσιν ὑποπίπτοντα εἰ τοίνυν ἐν τῷ κόσμῳ σώματι ὄντι ὁ τοῦ Θεοῦ Λόγος ἐστὶ, καὶ ἐν ὅλοις καὶ τοῖς κατὰ μέρος αὐτῶν πᾶσιν ἐπιβέβηκε[3] τί θαυμαστὸν ἢ τί ἄτοπον, εἰ καὶ ἐν ἀνθρώπῳ

---

[1] § 3 He does not assume the burden of proof, as the prevalent cosmic philosophy of Alexandria enabled him to throw that of disproof on his opponents His argument against the heathens of his day is, therefore, *ad homines*, and, as such, perfectly legitimate He reasons first on general principles (ἐκ τῶν εὐλόγων), afterwards from the facts of the decay of heathen religion, and the clear moral ascendancy of Christianity

[2] § 5 σῶμα i.e., an organic whole

[3] § 5 The ἐπίβασις of the Word on the Flesh, however, is such as to make God and Man One Christ, while the Union of the Word with the Universe is not hypostatic or personal. The philosophers in question regarded the Universe as one

The Word could appear in a created Nature

φαμὲν αὐτὸν ἐπιβεβηκέναι, 6. Εἰ γὰρ ἄτοπον ὅλως ἐν σώματι αὐτὸν γενέσθαι ἄτοπον ἂν εἴη καὶ ἐν τῷ παντὶ τοῦτον ἐπιβεβηκέναι, καὶ τὰ πάντα τῇ προνοίᾳ ἑαυτοῦ φωτίζειν καὶ κινεῖν σῶμα γάρ ἐστι καὶ τὸ ὅλον. 7. Εἰ δὲ τῷ κόσμῳ τοῦτον ἐπιβαίνειν καὶ ἐν ὅλῳ αὐτὸν γνωρίζεσθαι πρέπει, πρέποι ἂν καὶ ἐν ἀνθρωπίνῳ σώματι αὐτὸν ἐπιφαίνεσθαι, καὶ ὑπὸ αὐτοῦ τοῦτο φωτίζεσθαι καὶ ἐνεργεῖν. μέρος γὰρ τοῦ παντὸς καὶ τὸ τῶν ἀνθρώπων ἐστὶ γένος. καὶ εἰ τὸ μέρος ἀπρεπές ἐστιν ὄργανον αὐτοῦ γίνεσθαι πρὸς τὴν τῆς θεότητος γνῶσιν ἀτοπώτατον ἂν εἴη καὶ δι' ὅλου τοῦ κόσμου γνωρίζεσθαι τοῦτον.

XLII. Ὥσπερ γὰρ ὅλου τοῦ σώματος ὑπὸ τοῦ ἀνθρώπου ἐνεργουμένου, καὶ φωτιζομένου, εἴ τις λέγοι ἄτοπον εἶναι, καὶ ἐν τῷ δακτύλῳ τοῦ ποδὸς τὴν δύναμιν εἶναι τοῦ ἀνθρώπου, ἀνόητος ἂν νομισθείη, ὅτι διδοὺς, ἐν τῷ ὅλῳ αὐτὸν δικνεῖσθαι καὶ ἐνεργεῖν, κωλύει καὶ ἐν τῷ μέρει αὐτὸν εἶναι οὕτως ὁ διδοὺς καὶ πιστεύων τὸν τοῦ Θεοῦ Λόγον ἐν τῷ παντὶ εἶναι, καὶ τὸ πᾶν ὑπ' αὐτοῦ φωτίζεσθαι καὶ κινεῖσθαι, οὐκ ἄτοπον ἂν ἡγήσηται, καὶ σῶμα ἓν ἀνθρώπινον ὑπ' αὐτοῦ κινεῖσθαι καὶ φωτίζεσθαι. 2 Εἰ δὲ ὅτι γενητόν ἐστι, καὶ ἐξ οὐκ ὄντων γέγονε τὸ ἀνθρώπινον γένος, διὰ τοῦτο οὐκ εὐπρεπῆ νομίζουσιν ἡμᾶς λέγειν τὴν ἐν ἀνθρώπῳ τοῦ Σωτῆρος ἐπιφάνειαν· ὥρα καὶ τῆς κτίσεως αὐτοὺς αὐτὸν ἐκβάλλειν καὶ γὰρ καὶ

with the Deity, and this view Athanasius uses against themselves In reality, of course, their speculative pantheism had very little in common with Christian revelation; but, like St Paul, St Athanasius makes the best of whatever vestiges of truth he can find

αὕτη ἐκ τοῦ μὴ ὄντος εἰς τὸ εἶναι διὰ τοῦ Λόγου γέγονεν 3. Εἰ δὲ καὶ γενητῆς οὔσης τῆς κτίσεως, οὐκ ἄτοπον ἐν αὐτῇ τὸν Λόγον εἶναι, οὐκ ἄρα οὐδὲ ἐν ἀνθρώπῳ αὐτὸν εἶναι ἄτοπον ὁποῖα γὰρ ἂν περὶ τοῦ ὅλου νοήσειαν, τοιαῦτα ἀνάγκη περὶ τοῦ μέρους αὐτοὺς ἐνθυμεῖσθαι. μέρος γὰρ, ὡς προεῖπον, τοῦ ὅλου καὶ ὁ ἄνθρωπός ἐστιν. 4. Οὐκοῦν ὅλως οὐκ ἀπρεπὲς τὸ ἐν ἀνθρώπῳ εἶναι τὸν Λόγον, καὶ πάντα ὑπ' αὐτοῦ καὶ ἐν αὐτῷ φωτίζεσθαι, καὶ κινεῖσθαι, καὶ ζῆν, καθὼς καὶ οἱ παρ' αὐτοῖς συγγραφεῖς φασίν· ὅτι "ἐν αὐτῷ ζῶμεν, καὶ κινούμεθα, καὶ ἐσμὲν." 5. Τί λοιπὸν χλεύης ἄξιον λέγομεν, εἰ ἐν ᾧ ἐστὶν ὁ Λόγος, τούτῳ πρὸς φανέρωσιν ὡς ὀργάνῳ κέχρηται ὁ Λόγος; εἰ μὲν γὰρ οὐκ ἦν ἐν αὐτῷ, οὐδὲ χρήσασθαι ἂν ἠδυνήθη τούτῳ. εἰ δὲ προαποδεδώκαμεν ἐν τῷ παντὶ καὶ ἐν τοῖς κατὰ μέρος εἶναι τοῦτον, τί ἄπιστον εἰ ἐν οἷς ἐστὶν ἐν τούτοις ἑαυτὸν καὶ ἐπιφαίνει; 6. Ὥσπερ γὰρ ταῖς ἑαυτοῦ δυνάμεσιν ὅλος ἐν ἑκάστῳ καὶ πᾶσιν ἐπιβαίνων, καὶ πάντα διακοσμῶν ἀφθόνως, εἰ ἤθελε, διὰ ἡλίου, ἢ σελήνης, ἢ οὐρανοῦ, ἢ γῆς, ἢ ὑδάτων, ἢ πυρὸς, οὐκ ἄν τις ἀτόπως αὐτὸν φωνῇ χρήσασθαι καὶ γνωρίσαι ἑαυτὸν καὶ τὸν ἑαυτοῦ Πατέρα ἔφησεν [πεποιηκέναι][1] ἅπαξ ἅπαντα αὐτοῦ συνέχοντος καὶ μετὰ πάντων καὶ ἐν αὐτῷ τῷ μέρει τυγχάνοντος καὶ ἀοράτως ἑαυτὸν δεικνύντος· οὕτως οὐκ ἄτοπον ἂν εἴη διακοσμοῦντα αὐτὸν τὰ πάντα καὶ τὰ

---

[1] § 6. εἰ ἤθελε [πεποιηκέναι] If the word enclosed in brackets be retained, on the authority of the MSS., we can only adopt the Ben. conjecture of removing οὐκ ἄν τις ἀτόπως to before ἔφησεν, keeping the old comma at Πατέρα But probably πεπ was carelessly put in (? by a copyist) to supply a verb for ἔφησεν

ὅλα ζωοποιοῦντα, καὶ θελήσαντα δι' ἀνθρώπων γνωρίσαι, εἰ ὀργάνῳ κέχρηται ἀνθρώπου σώματι πρὸς φανέρωσιν ἀληθείας καὶ γνῶσιν τοῦ Πατρός. μέρος γὰρ τοῦ ὅλου καὶ ἡ ἀνθρωπότης τυγχάνει. 7. Καὶ ὥσπερ ὁ νοῦς δι' ὅλου τοῦ ἀνθρώπου ὢν, ἀπὸ μέρους τοῦ σώματος, τῆς γλώττης λέγω, σημαίνεται, καὶ οὐ δήπου τις ἐλαττοῦσθαι τὴν οὐσίαν τοῦ νοῦ διὰ τοῦτο λέγει· οὕτως ὁ Λόγος διὰ πάντων ὢν, εἰ ἀνθρωπίνῳ κέχρηται ὀργάνῳ, οὐκ ἀπρεπὲς ἂν φαίνοιτο τοῦτο. εἰ γὰρ, ὡς προεῖπον, ἀπρεπὲς ὀργάνῳ χρήσασθαι σώματι, ἀπρεπὲς καὶ ἐν τῷ ὅλῳ αὐτὸν εἶναι

XLIII. Διὰ τί οὖν, ἐὰν λέγωσιν, οὐχὶ δι' ἄλλων μερῶν καλλιόνων τῆς κτίσεως ἐφάνη, καὶ καλλίονι ὀργάνῳ, οἷον ἡλίῳ, ἢ σελήνῃ, ἢ ἄστροις, ἢ πυρὶ, ἢ αἰθέρι οὐ κέχρηται, ἀλλὰ ἀνθρώπῳ μόνῳ, γινωσκέτωσαν, ὅτι οὐκ ἐπιδείξασθαι ἦλθεν ὁ Κύριος, ἀλλὰ θεραπεῦσαι καὶ διδάξαι τοὺς πάσχοντας. 2. Ἐπιδεικνυμένου μὲν γὰρ ἦν, μόνον ἐπιφανῆναι καὶ καταπλῆξαι τοὺς ὁρῶντας· θεραπεύοντος δὲ καὶ διδάσκοντός ἐστι, μὴ ἁπλῶς ἐπιδημῆσαι, ἀλλ' ἐπ' ὠφελείᾳ τῶν δεομένων γενέσθαι, καὶ ὡς οἱ χρήζοντες φέρουσιν ἐπιφανῆναι, ἵνα μὴ τῷ ὑπερβάλλοντι τὴν χρείαν τῶν πασχόντων αὐτοὺς τοὺς δεομένους ταράξῃ, καὶ ἀνωφελὴς τούτοις ἡ ἐπιφάνεια τοῦ Θεοῦ γένηται. 3. Οὐδὲν τοίνυν τῶν ἐν τῇ κτίσει πεπλανημένον ἦν εἰς τὰς περὶ Θεοῦ ἐννοίας, εἰ μὴ μόνον ὁ ἄνθρωπος ἀμέλει, οὐχ ἥλιος, οὐ σελήνη, οὐκ οὐρανὸς, οὐ τὰ ἄστρα, οὐχ ὕδωρ, οὐκ αἰθὴρ παρήλλαξαν τὴν τάξιν, ἀλλ' εἰδότες τὸν ἑαυτῶν δημιουργὸν καὶ βασιλέα Λόγον μένουσιν ὡς γεγόνασιν· ἄνθρωποι δὲ μόνον ἀποστραφέντες τὸ καλὸν, λοιπὸν τὰ οὐκ ὄντα ἀντὶ τῆς ἀληθείας ἐπλάσαντο, καὶ τὴν εἰς Θεὸν τιμὴν καὶ τὴν περὶ αὐτοῦ γνῶσιν δαίμοσι καὶ ἀνθρώποις ἐν λίθοις ἀνατεθείκασιν. 4 Ὅθεν εἰκότως, ἐπειδὴ παριδεῖν τὸ τηλικοῦτον οὐκ ἄξιον ἦν τῆς τοῦ Θεοῦ ἀγαθότητος, ἀλλὰ καὶ ἐν τῷ ὅλῳ αὐτὸν διέποντα καὶ ἡγεμονεύοντα οὐκ ἠδυνήθησαν γνῶναι οἱ ἄνθρωποι, μέρος τοῦ ὅλου λαμβάνει ἑαυτῷ ὄργανον τὸ ἀνθρώπινον σῶμα, καὶ ἐπιβαίνει τούτῳ, ἵν᾽ ἐπειδὴ ἐν τῷ ὅλῳ αὐτὸν οὐκ ἠδυνήθησαν γνῶναι, κἂν ἐν τῷ μέρει μὴ ἀγνοήσωσιν αὐτόν· καὶ ἐπειδὴ ἀναβλέψαι οὐκ ἠδυνήθησαν εἰς τὴν ἀόρατον αὐτοῦ δύναμιν, κἂν ἐκ τῶν ὁμοίων λογίσασθαι καὶ θεωρῆσαι δυνηθῶσιν αὐτόν. 5. Ἄνθρωποι γὰρ ὄντες, διὰ τοῦ καταλλήλου σώματος καὶ τῶν δι᾽ αὐτοῦ θείων ἔργων, ταχύτερον καὶ ἐγγύτερον τὸν τούτου Πατέρα γινώσκειν δυνήσονται, συγκρίνοντες ὡς οὐκ ἀνθρώπινα, ἀλλὰ Θεοῦ ἔργα ἐστὶ τὰ ὑπ᾽ αὐτοῦ γινόμενα 6. Καὶ ἐὰν ἄτοπον ἦν κατ᾽ αὐτοὺς, διὰ τῶν τοῦ σώματος ἔργων τὸν Λόγον γνωρίζεσθαι πάλιν ἄτοπον ἂν εἴη ἐκ τῶν ἔργων τοῦ παντὸς γινώσκεσθαι τοῦτον. ὥσπερ γὰρ ἐν τῇ κτίσει ὢν, οὐδέν τι τῆς κτίσεως μεταλαμβάνει,[1] ἀλλὰ μᾶλλον τὰ πάντα τῆς αὐτοῦ δυνάμεως μετέχει· οὕτω καὶ τῷ σώματι ὀργάνῳ χρώμενος, οὐδενὸς τῶν τοῦ σώματος μετεῖχεν, ἀλλὰ μᾶλλον αὐτὸς ἡγίαζε ⟨καὶ⟩ τὸ σῶμα 7. Εἰ γὰρ δὴ καὶ ὁ παρὰ τοῖς Ἕλλησι θαυμαζόμενος Πλάτων φησὶν,[2] ὅτι ὁρῶν τὸν κόσμον ὁ γεννήσας αὐτὸν χειμαζόμενον καὶ κινδυνεύοντα εἰς τὸν τῆς ἀνομοιότητος δύνειν τόπον, καθίσας ἐπὶ τοὺς οἴακας τῆς ψυχῆς βοηθεῖ, καὶ πάντα τὰ πταίσματα διορ-

---

[1] Cf above, xvii, 1 ἐκτὸς τοῦ παντὸς κατ᾽ οὐσίαν, etc
[2] 7 Cf Plat Politic, 273

Why could not a mere fiat restore man? 69

θοῦται τί ἄπιστον λέγεται παρ' ἡμῖν, εἰ πλανωμένης τῆς ἀνθρωπότητος ἐκάθισεν ὁ Λόγος ἐπὶ ταύτην, καὶ ἄνθρωπος ἐπεφάνη, ἵνα χειμαζομένην αὐτὴν περισώσῃ διὰ τῆς κυβερνήσεως αὐτοῦ καὶ ἀγαθότητος;

XLIV Ἀλλὰ ἴσως συγκαταθήσονται μὲν τούτοις αἰσχυνόμενοι, θελήσουσι δὲ λέγειν, ὅτι ἔδει τὸν Θεὸν, παιδεῦσαι καὶ σῶσαι θέλοντα τοὺς ἀνθρώπους, νεύματι[1] μόνῳ ποιῆσαι, καὶ μὴ σώματος ἅψασθαι τὸν τούτου Λόγον, ὥσπερ οὖν καὶ πάλαι πεποίηκεν, ὅτε ἐκ τοῦ μὴ ὄντος αὐτὰ συνίστη. 2. Πρὸς δὲ ταύτην αὐτῶν τὴν ἀντίθεσιν εἰκότως ἂν λεχθείη ταῦτα, ὅτι πάλαι μὲν οὐδενὸς οὐδαμῇ ὑπάρχοντος, νεύματος γέγονε χρεία καὶ βουλήσεως μόνης εἰς τὴν τοῦ παντὸς δημιουργίαν. ὅτε δὲ γέγονεν ὁ ἄνθρωπος, καὶ χρεία ἀπήτησεν οὐ τὰ μὴ ὄντα ἀλλὰ τὰ γενόμενα θεραπεῦσαι, ἀκόλουθον ἦν ἐν τοῖς ἤδη γενομένοις τὸν ἰατρὸν καὶ Σωτῆρα παραγενέσθαι, ἵνα καὶ τὰ ὄντα θεραπεύσῃ. γέγονε δὲ ἄνθρωπος διὰ τοῦτο, καὶ ἀνθρωπείῳ ὀργάνῳ κέχρηται τῷ σώματι. 3. Ἐπεὶ εἰ μὴ τοῦτον ἔδει γενέσθαι τὸν τρόπον, πῶς ἔδει τὸν Λόγον, ὀργάνῳ θέλοντα χρήσασθαι, παραγενέσθαι; ἢ πόθεν ἔδει τοῦτο λαβεῖν αὐτὸν, εἰ μὴ ἐκ τῶν ἤδη γενομένων καὶ χρῃζόντων τῆς αὐτοῦ θεότητος διὰ τοῦ ὁμοίου; οὐδὲ γὰρ τὰ οὐκ ὄντα ἔχρῃζε σωτηρίας, ἵνα καὶ προστάξει μόνον ἀρκεσθῇ· ἀλλὰ ὁ ἤδη γενόμενος[2]

[1] XLIV, 1. With this chapter compare the argument on μετάνοια above, chap. vii, especially § 4. The position of chaps v-xvii is here restated and developed as against pagan philosophy (xli-xlv)

[2] § 3 Restoration by a fiat would be equivalent to annihilation and re-creation, and thus would break the continuity which marks God's working

Man required a definite remedy.

ἄνθρωπος ἐφθείρετο καὶ παραπώλλυτο ὅθεν εἰκότως ἀνθρωπίνῳ κέχρηται καλῶς ὀργάνῳ, καὶ εἰς πάντα ἑαυτὸν ἥπλωσεν ὁ Λόγος. 4. Ἔπειτα καὶ τοῦτο ἰστέον, ὅτι ἡ γενομένη φθορὰ οὐκ ἔξωθεν ἦν τοῦ σώματος, ἀλλ᾽ αὐτῷ προσεγεγόνει, καὶ ἀνάγκη ἦν ἀντὶ τῆς φθορᾶς ζωὴν αὐτῷ προσπλακῆναι, ἵνα ὥσπερ ἐν τῷ σώματι γέγονεν ὁ θάνατος, οὕτως ἐν αὐτῷ γένηται καὶ ἡ ζωή. 5. Εἰ μὲν οὖν ἔξωθεν ἦν ὁ θάνατος τοῦ σώματος· ἔξωθεν ἔδει καὶ τὴν ζωὴν αὐτοῦ γεγονέναι. εἰ δὲ ἐν τῷ σώματι συνεπλάκη ὁ θάνατος, καὶ ὡς συνὼν αὐτῷ κατεκράτει τούτου· ἀνάγκη καὶ τὴν ζωὴν συμπλακῆναι τῷ σώματι, ἵνα ἀντενδυθὲν τὸ σῶμα τὴν ζωήν, ἀποβάλῃ τὴν φθοράν. ἄλλωστε εἰ καὶ ἐγεγόνει ἔξω τοῦ σώματος ὁ Λόγος, καὶ μὴ ἐν αὐτῷ· ὁ μὲν θάνατος ἡττᾶτο ὑπ᾽ αὐτοῦ φυσικώτατα, ἅτε δὴ μὴ ἰσχύοντος τοῦ θανάτου κατὰ τῆς ζωῆς· οὐδὲν ἧττον δὲ ἔμενεν ἐν τῷ σώματι ἡ προσγενομένη φθορά. 6. Διὰ τοῦτο εἰκότως ἐνεδύσατο σῶμα ὁ Σωτήρ, ἵνα συμπλακέντος τοῦ σώματος τῇ ζωῇ, μηκέτι ὡς θνητὸν ἀπομείνῃ ἐν τῷ θανάτῳ ἀλλ᾽ ὡς ἐνδυσάμενον τὴν ἀθανασίαν, λοιπὸν ἀναστὰν ἀθάνατον διαμείνῃ. ἅπαξ γὰρ ἐνδυσάμενον φθορὰν οὐκ ἂν ἀνέστη, εἰ μὴ ἐνεδύσατο τὴν ζωήν· καὶ πάλιν θάνατος καθ᾽ ἑαυτὸν[1] οὐκ ἂν φανείη, εἰ μὴ ἐν τῷ σώματι· διὰ τοῦτο ἐνεδύσατο σῶμα, ἵνα τὸν θάνατον ἐν τῷ σώματι εὑρὼν ἀπαλείψῃ. πῶς γὰρ ἂν ὅλως ὁ Κύριος ἐδείχθη ζωή, εἰ μὴ τὸ θνητὸν ἐζωοποίησε; 7. Καὶ ὥσπερ τῆς καλάμης ὑπὸ πυρὸς φύσει φθειρομένης, εἰ κωλύει τις πῦρ ἀπὸ τῆς καλάμης· οὐ καίεται μὲν ἡ καλάμη, μένει δὲ ὅλως

---

[1] § 6 καθ᾽ ἑαυτὸν, "from its own nature", for death is the dissolution of a body

The Incarnation an antidote against Death 71

πάλιν καλάμη ἡ καλάμη ὑποπτεύουσα τὴν τοῦ πυρὸς ἀπειλήν· φύσει γὰρ ἀναλωτικόν ἐστιν αὐτῆς τὸ πῦρ· εἰ δέ τις ἐνδιδύσκοι τὴν καλάμην ἀμιάντῳ[1] πολλῷ, ὃ δὴ λέγεται ἀντιπαθὲς εἶναι τοῦ πυρός, οὐκ ἔτι τὸ πῦρ φοβεῖται ἡ καλάμη, ἔχουσα τὴν ἀσφάλειαν ἐκ τοῦ ἐνδύματος τοῦ ἀκαύστου· 8. Τὸν αὐτὸν δὴ τρόπον καὶ ἐπὶ τοῦ σώματος καὶ ἐπὶ τοῦ θανάτου ἄν τις εἴποι· ὅτι εἰ προστάξει μόνον κωλυθεὶς ἦν ὁ θάνατος ὑπ' αὐτοῦ, οὐδὲν ἧττον πάλιν ἦν θνητὸν καὶ φθαρτὸν κατὰ τὸν τῶν σωμάτων λόγον. ἀλλ' ἵνα μὴ τοῦτο γένηται, ἐνεδύσατο τὸν ἀσώματον τοῦ Θεοῦ Λόγον· καὶ οὕτως οὐκ ἔτι τὸν θάνατον οὐδὲ τὴν φθορὰν φοβεῖται, ἔχον ἔνδυμα τὴν ζωήν, καὶ ἐν αὐτῷ ἀφανιζομένης τῆς φθορᾶς.

XLV Οὐκοῦν ἀκολούθως ὁ τοῦ Θεοῦ Λόγος σῶμα ἀνέλαβε, καὶ ἀνθρωπίνῳ ὀργάνῳ κέχρηται, ἵνα καὶ ζωοποιήσῃ τὸ σῶμα, καὶ ἵν', ὥσπερ ἐν τῇ κτίσει διὰ τῶν ἔργων γνωρίζεται, οὕτω καὶ ἐν ἀνθρώπῳ ἐργάσηται, καὶ δείξῃ ἑαυτὸν[2] πανταχοῦ, μηδὲν ἔρημον τῆς ἑαυτοῦ θειότητος[3] καὶ γνώσεως καταλιμπάνων. 2 Πάλιν γὰρ τὸ αὐτό φημι τοῖς πρότερον ἐπαναλαμβάνων· ὅτι τοῦτο πεποίηκεν ὁ Σωτήρ, ἵνα ὥσπερ τὰ πάντα πανταχόθεν πληροῖ παρών, οὕτω καὶ τὰ πάντα τῆς περὶ αὐτοῦ γνώσεως πληρώσῃ, ᾗ φησὶ καὶ ἡ θεία

---

[1] ἀμιάντῳ See above, xxviii, 3
[2] § 1 See above, chapters xi and following. The intellect as well as the will of man requires restoration; to serve God, man must know Him; and disobedience clouds his mental apprehension of his Creator
[3] θειότητος His divine *working*, θεότητος, the reading (*teste* Marr) of the Bodleian MS, would be the Divine Omnipresence itself Therefore the reading in the text is the best.

72 *The Incarnation a fresh revelation of God.*

γραφή· "'Επληρώθη ἡ σύμπασα γῆ τοῦ γνῶναι τὸν "Κύριον." 3. Εἴτε γάρ τις ἀναβλέπειν εἰς τὸν οὐρανὸν βούλεται ὁρᾷ τὴν τούτου διακόσμησιν εἴτε οὐ δύναται μὲν εἰς τὸν οὐρανὸν, εἰς ἀνθρώπους δὲ μόνον ἀνακύπτει ὁρᾷ τὴν διὰ τῶν ἔργων ἀσύγκριτον αὐτοῦ πρὸς[1] ἀνθρώπους δύναμιν, καὶ γινώσκει τοῦτον ἐν ἀνθρώποις μόνον Θεὸν Λόγον. εἴτε ἐν δαίμοσί τις ἀπεστράφη, καὶ περὶ τούτους ἐπτόηται ὁρᾷ τοῦτον ἐλαύνοντα τούτους, καὶ κρίνει τοῦτον αὐτῶν εἶναι δεσπότην. εἴτε εἰς τὴν τῶν ὑδάτων βεβύθισται φύσιν, καὶ νομίζει ταῦτα Θεὸν εἶναι· ὥσπερ Αἰγύπτιοι σέβουσι τὸ ὕδωρ ὁρᾷ ταύτην μεταβαλλομένην ὑπ' αὐτοῦ, καὶ γινώσκει τούτων εἶναι κτίστην τὸν Κύριον. 4. Εἰ δὲ καὶ εἰς ᾅδην τις κατέβη, καὶ πρὸς τοὺς ἐκεῖ κατελθόντας ἥρωας ἐπτόηται ὡς θεούς· ἀλλ' ὁρᾷ τὴν τούτου γενομένην ἀνάστασιν, καὶ τὴν κατὰ τοῦ θανάτου νίκην, καὶ λογίζεται καὶ ἐν ἐκείνοις μόνον εἶναι τὸν Χριστὸν ἀληθινὸν Κύριον καὶ Θεόν 5. Πάντων γὰρ τῶν τῆς κτίσεως μερῶν ἥψατο ὁ Κύριος, καὶ τὰ πάντα πάσης ἀπάτης ἠλευθέρωσε καὶ ἤλεγξεν, ὡς Παῦλός φησιν "ἀπεκδυσάμενος τὰς ἀρχὰς καὶ τὰς ἐξουσίας "ἐθριάμβευσεν ἐν τῷ σταυρῷ," ἵνα μηκέτι τις ἀπατηθῆναι δυνηθῇ, ἀλλὰ πανταχοῦ τὸν ἀληθινὸν τοῦ Θεοῦ Λόγον εὕρῃ. 6. Οὕτω γὰρ πανταχόθεν[2] συγκλειόμενος ὁ ἄνθρωπος, καὶ πανταχοῦ, τουτέστιν, ἐν οὐρανῷ, ἐν ᾅδῃ, ἐν ἀνθρώπῳ, ἐπὶ γῆς ἡπλωμένην τὴν τοῦ Λόγου θειότητα βλέπων, οὐκ ἔτι μὲν ἀπατᾶται περὶ Θεοῦ,

---

[1] § 3 τὴν—δύναμιν "His power, beyond comparison with (that of) men, shewn in His works"

[2] § 6. By the Incarnation, the circle, as it were, of God's self-manifestation and of man's responsibility was completed.

The Heathens refuted by historic facts. 73

μόνον δὲ τοῦτον προσκυνεῖ, καὶ δι' αὐτοῦ καλῶς τὸν Πατέρα γινώσκει 7 Τούτοις μὲν οὖν καὶ Ἕλληνες εἰκότως δυσωπηθήσονται παρ' ἡμῶν ἐκ τῶν εὐλόγων.[1] εἰ δὲ μὴ αὐτάρκεις εἶναι τοὺς λόγους ἡγοῦνται πρὸς αἰσχύνην αὐτῶν, κἂν ἐκ τῶν ἐπ' ὄψεσι πάντων φαινομένων πιστούσθωσαν τὰ λεγόμενα.

XLVI. Πότε τὴν τῶν εἰδώλων θρησκείαν ἤρξαντο καταλιμπάνειν οἱ ἄνθρωποι, εἰ μὴ ἀφ' οὗ γέγονεν ὁ ἀληθινὸς τοῦ Θεοῦ Θεὸς Λόγος ἐν ἀνθρώποις; πότε δὲ τὰ παρ' Ἕλλησι καὶ πανταχοῦ μαντεῖα πέπαυται καὶ κεκένωται, εἰ μὴ ὅτε μέχρι γῆς πεφανέρωκεν ἑαυτὸν ὁ Σωτήρ; 2 Πότε δὲ καταγινώσκεσθαι ἤρξαντο οἱ παρὰ ποιηταῖς λεγόμενοι θεοὶ καὶ ἥρωες, ὡς μόνον ὄντες ἄνθρωποι θνητοί, εἰ μὴ ἀφ' οὗ ὁ Κύριος τὸ κατὰ τοῦ θανάτου τρόπαιον εἰργάσατο, καὶ ὅπερ ἔλαβε σῶμα τετήρηκεν ἄφθαρτον, ἀναστήσας αὐτὸ ἐκ τῶν νεκρῶν; 3. Πότε δὲ ἡ δαιμόνων ἀπάτη καὶ μανία κατεφρονήθη, εἰ μὴ ὅτε ἡ τοῦ Θεοῦ Δύναμις ὁ Λόγος, ὁ πάντων καὶ τούτων δεσπότης, διὰ τὴν τῶν ἀνθρώπων ἀσθένειαν συγκαταβὰς, ἐπὶ γῆς ἐφάνη; πότε δὲ τῆς μαγείας ἡ τέχνη καὶ τὰ διδασκαλεῖα ἤρξαντο καταπατεῖσθαι,[2] εἰ μὴ ὅτε τὰ θεοφάνια τοῦ Λόγου γέγονεν ἐν ἀνθρώποις; 4. Καὶ ὅλως, πότε τῶν Ἑλλήνων ἡ σοφία μεμώραται, εἰ μὴ ὅτε ἡ ἀληθὴς τοῦ Θεοῦ Σοφία ἐπὶ γῆς ἑαυτὴν ἐφανέρωσε; πάλαι μὲν γὰρ πᾶσα ἡ

---

[1] § 7. This brings to a close the philosophical refutation of the Gentiles He proceeds (chapters xlvi and following) to point out the victory of Christ over heathen religions and philosophies, the superiority of Christian morals, and the benefits conferred by Christ on the human race

[2] §§ 3, and following. See Dollinger, *The Gentile and the Jew*, vol. ii, pp 210 *sqq.*

οἰκουμένη καὶ πᾶς τόπος τῇ θρησκείᾳ τῶν εἰδώλων ἐπλανᾶτο, καὶ οὐδὲν ἄλλο ἢ τὰ εἴδωλα θεοὺς ἐνόμιζον οἱ ἄνθρωποι. νῦν δὲ κατὰ πᾶσαν τὴν οἰκουμένην, τὴν μὲν τῶν εἰδώλων δεισιδαιμονίαν καταλιμπάνουσιν οἱ ἄνθρωποι, ἐπὶ δὲ τὸν Χριστὸν καταφεύγουσι, καὶ Θεὸν αὐτὸν προσκυνοῦντες, δι' αὐτοῦ καὶ ὃν οὐκ ᾔδεισαν Πατέρα γινώσκουσι. 5. Καὶ τό γε θαυμαστὸν, διαφόρων ὄντων καὶ μυρίων σεβασμάτων, καὶ ἑκάστου τόπου τὸ ἴδιον ἔχοντος εἴδωλον, καὶ μὴ ἰσχύοντος τοῦ παρ' αὐτοῖς λεγομένου θεοῦ τὸν πλησίον ὑπερβῆναι τόπον, ὥστε καὶ τοὺς ἐκ γειτόνων πεῖσαι σέβειν αὐτὸν, ἀλλὰ μόλις καὶ ἐν τοῖς ἰδίοις θρησκευομένου οὐδεὶς γὰρ ἄλλος τὸν τοῦ γείτονος ἐσέβετο θεόν· ἀλλ' ἕκαστος τὸ ἴδιον[1] ἐφύλαττεν εἴδωλον, νομίζων τῶν πάντων αὐτὸ κύριον εἶναι· μόνος ὁ Χριστὸς παρὰ πᾶσιν εἷς καὶ πανταχοῦ ὁ αὐτὸς προσκυνεῖται· καὶ ὃ μὴ δεδύνηται τῶν εἰδώλων ἡ ἀσθένεια ποιῆσαι, ὥστε κἂν τοὺς πλησίον οἰκοῦντας πεῖσαι, τοῦτο ὁ Χριστὸς πεποίηκεν, οὐ μόνον τοὺς πλησίον ἀλλὰ καὶ πᾶσαν ἁπλῶς τὴν οἰκουμένην πείσας ἕνα καὶ τὸν αὐτὸν Κύριον σέβειν, καὶ δι' αὐτοῦ Θεὸν τὸν αὐτοῦ Πατέρα.

XLVII. Καὶ πάλαι μὲν τὰ πανταχοῦ τῆς ἀπάτης τῶν μαντειῶν[2] ἐπεπλήρωτο, καὶ τὰ ἐν Δελφοῖς καὶ Δωδώνῃ καὶ Βοιωτίᾳ καὶ Λυκίᾳ καὶ Λιβύῃ καὶ Αἰγύπτῳ καὶ Καβείροις μαντεύματα καὶ ἡ Πυθία ἐθαυμάζοντο τῇ φαντασίᾳ τῶν ἀνθρώπων. νῦν δὲ ἀφ' οὗ Χριστὸς καταγγέλλεται πανταχοῦ, πέπαυται καὶ τούτων ἡ μανία, καὶ οὐκ ἔστιν ἔτι λοιπὸν ἐν αὐτοῖς ὁ

---

[1] On the local character of ancient religions, see Barker, *Aryan Civilisation*, and Dollinger, *ubi supra*, vol. i, pp. 109, etc.

[2] XLVII, 1. On the Oracles, see Dollinger, vol. i, pp. 216, etc.

Decline of the Oracles and ancient superstitions. 75

μαντευόμενος. 2. Καὶ πάλαι μὲν δαίμονες[1] ἐφαντασιοσκόπουν τοὺς ἀνθρώπους, προκαταλαμβάνοντες πηγὰς ἢ ποταμοὺς ἢ ξύλα ἢ λίθους, καὶ οὕτω ταῖς μαγγανείαις ἐξέπληττον τοὺς ἄφρονας. νῦν δὲ τῆς θείας ἐπιφανείας τοῦ Λόγου γεγενημένης πέπαυται τούτων ἡ φαντασία. τῷ γὰρ σημείῳ τοῦ σταυροῦ καὶ μόνον ὁ ἄνθρωπος χρώμενος, ἀπελαύνει τούτων τὰς ἀπάτας. 3. Καὶ πάλαι μὲν τοὺς παρὰ ποιηταῖς λεγομένους Δία καὶ Κρόνον καὶ Ἀπόλλωνα καὶ ἥρωας ἐνόμιζον οἱ ἄνθρωποι θεοὺς, καὶ τούτους ἐπλανῶντο σέβοντες· ἄρτι δὲ τοῦ Σωτῆρος ἐν ἀνθρώποις φανέντος, ἐκεῖνοι μὲν ἐγυμνώθησαν ὄντες ἄνθρωποι[2] θνητοί, μόνος δὲ ὁ Χριστὸς ἐν ἀνθρώποις ἐγνωρίσθη Θεὸς ἀληθινὸς Θεοῦ Θεὸς Λόγος. 4. Τί δὲ περὶ τῆς θαυμαζομένης παρ' αὐτοῖς μαγείας ἄν τις εἴποι; ὅτι πρὶν μὲν ἐπιδημῆσαι τὸν Λόγον, ἴσχυε καὶ ἐνήργει παρ' Αἰγυπτίοις καὶ Χαλδαίοις καὶ Ἰνδοῖς αὕτη καὶ ἐξέπληττε τοὺς ὁρῶντας· τῇ δὲ παρουσίᾳ τῆς ἀληθείας, καὶ τῇ ἐπιφανείᾳ τοῦ Λόγου διηλέγχθη καὶ αὕτη, καὶ κατηργήθη παντελῶς. 5 Περὶ δὲ τῆς Ἑλληνικῆς σοφίας καὶ τῆς τῶν φιλοσόφων μεγαλοφωνίας, νομίζω μηδένα τοῦ παρ' ἡμῶν δεῖσθαι λόγου, ἐπ' ὄψει πάντων ὄντος τοῦ θαύματος, ὅτι τοσαῦτα γραψάντων τῶν παρ' Ἕλλησι σοφῶν καὶ μὴ δυνηθέντων πεῖσαι κἂν[3]

---

[1] § 2 On this subject, see the curious and copious extracts from early Fathers in the Appendix to vol. 1 of Hurter's "Opuscula SS Patrum Selecta"

[2] On this opinion, see Döllinger, vol. i, pp 344, etc

[3] In Plato's ideal Republic, the notion of any direct influence of the highest ideals on the masses is quite absent. Their happiness is to be in passive obedience to the few whom those ideals inspire

ὀλίγους ἐκ τῶν πλησίον τόπων περὶ ἀθανασίας καὶ τοῦ κατ' ἀρετὴν βίου, μόνος ὁ Χριστὸς δι' εὐτελῶν ῥημάτων, καὶ δι' ἀνθρώπων οὐ κατὰ τὴν γλῶσσαν σοφῶν, κατὰ πᾶσαν τὴν οἰκουμένην παμπληθεῖς ἐκκλησίας ἔπεισεν ἀνθρώπων καταφρονεῖν μὲν θανάτου, φρονεῖν δὲ ἀθάνατα, καὶ τὰ μὲν πρόσκαιρα παρορᾶν, εἰς δὲ τὰ αἰώνια ἀποβλέπειν, καὶ μηδὲν μὲν ἡγεῖσθαι τὴν ἐπὶ γῆς δόξαν, μόνης δὲ τῆς ἐπουρανίου ἀντιποιεῖσθαι

XLVIII. Ταῦτα δὲ τὰ λεγόμενα παρ' ἡμῶν οὐκ ἄχρι λόγων ἐστίν, ἀλλὰ καὶ ἐξ αὐτῆς τῆς πείρας ἔχει τὴν τῆς ἀληθείας μαρτυρίαν. 2. Παρίτω γὰρ ὁ βουλόμενος καὶ θεωρείτω[1] τῆς μὲν ἀρετῆς τὸ γνώρισμα ἐν ταῖς Χριστοῦ παρθένοις καὶ ἐν τοῖς σωφροσύνην ἁγνεύουσι νεωτέροις, τῆς δὲ ἀθανασίας τὴν πίστιν ἐν τῷ τοσούτῳ τῶν μαρτύρων αὐτοῦ χορῷ. 3 Ἡκέτω δὲ ὁ πεῖραν τῶν προλεχθέντων βουλόμενος λαβεῖν, καὶ ἐπ' αὐτῆς τῆς φαντασίας τῶν δαιμόνων, καὶ τῆς τῶν μαντειῶν ἀπάτης, καὶ τῶν τῆς μαγείας θαυμάτων, χρησάσθω τῷ σημείῳ τοῦ γελωμένου παρ' αὐτοῖς σταυροῦ, τὸν Χριστὸν ὀνομάσας μόνον, καὶ ὄψεται πῶς δι' αὐτοῦ δαίμονες μὲν φεύγουσι, μαντεῖα δὲ παύεται, μαγεία δὲ πᾶσα καὶ φαρμακεία κατήργηται. 4. Τίς οὖν ἄρα καὶ πηλίκος ἐστὶν οὗτος ὁ Χριστός, ὁ τῇ ἑαυτοῦ ὀνομασίᾳ, καὶ παρουσίᾳ, τὰ πάντα πανταχόθεν ἐπισκιάσας καὶ καταργήσας, καὶ μόνος κατὰ πάντων ἰσχύων, καὶ πᾶσαν τὴν οἰκουμένην τῆς ἑαυτοῦ διδασκαλίας πληρώσας, λεγέτωσαν οἱ πάνυ

---

[1] § 2 "Let him behold the proof of *virtue* in the virgins of Christ, and in the youths that practise holy chastity, and the assurance of *immortality* in the vast band of his martyrs."

An appeal to experimental fact

γελῶντες καὶ οὐκ ἐρυθριῶντες Ἕλληνες. 5 Εἰ μὲν γὰρ ἄνθρωπός ἐστι· καὶ πῶς εἷς ἄνθρωπος τὴν πάντων καὶ παρ' αὐτοῖς θεῶν δύναμιν ὑπερῆρε, καὶ οὐδὲν ἐκείνους ὄντας τῇ ἑαυτοῦ δυνάμει διήλεγξεν; εἰ δὲ μάγον αὐτὸν λέγουσι· πῶς οἷόν τε ἐστὶν ὑπὸ μάγου καταργεῖσθαι πᾶσαν τὴν μαγείαν, καὶ μὴ μᾶλλον συνίστασθαι; εἰ μὲν γὰρ ἀνθρώπους μάγους ἐνίκα, ἢ καθ' ἑνὸς ἴσχυε μόνου, καλῶς ἂν ἐνομίσθη παρ' αὐτῶν κρείττονι τέχνῃ τὴν τῶν ἄλλων ὑπερβάλλων. 6 Εἰ δὲ κατὰ πάσης ἁπλῶς μαγείας καὶ αὐτοῦ τοῦ ὀνόματος αὐτῆς ᾔρατο τὴν νίκην ὁ τούτου σταυρός· δῆλον ἂν εἴη μὴ εἶναι μάγον τὸν Σωτῆρα, ὃν καὶ οἱ παρὰ τῶν ἄλλων μάγων ἐπικαλούμενοι δαίμονες ὡς δεσπότην φεύγουσι. 7. Τίς οὖν ἄρα ἐστὶ λεγέτωσαν οἱ μόνον ἐν τῷ χλευάζειν ἔχοντες τὴν σπουδὴν Ἕλληνες. ἴσως ἂν φήσαιεν δαίμονα καὶ αὐτὸν γεγενῆσθαι, καὶ οὕτως ἰσχύειν. τοῦτο δὲ καὶ πάνυ λέγοντες ὀφλήσουσι χλεύην, πάλιν ταῖς προτέραις ἀποδείξεσι δυσωπεῖσθαι δυνάμενοι. πῶς γὰρ οἷόν τε ἐστὶ δαίμονα εἶναι, τὸν τοὺς δαίμονας ἀπελαύνοντα; 8 Εἰ μὲν γὰρ ἁπλῶς δαίμονας[1] ἤλαυνε, καλῶς ἂν ἐνομίσθη τῷ ἄρχοντι τῶν δαιμόνων ἰσχύειν αὐτὸν κατὰ τῶν ἐλαττόνων, ὁποῖα καὶ οἱ Ἰουδαῖοι θέλοντες ὑβρίζειν ἔλεγον αὐτῷ. εἰ δὲ πᾶσα τῶν δαιμόνων μανία ἐξίσταται τῇ τούτου ὀνομασίᾳ καὶ διώκεται φανερὸν ἂν εἴη καὶ ἐν τούτῳ πλανᾶσθαι αὐτούς, καὶ μὴ εἶναι ὡς νομίζουσι δαιμονικήν τινα δύναμιν τὸν Κύριον ἡμῶν καὶ Σωτῆρα Χριστόν. 9. Οὐκοῦν εἰ μήτε ἄνθρωπος ἁπλῶς, μήτε μάγος, μήτε δαίμων τις ἐστιν ὁ Σωτὴρ, ἀλλὰ καὶ τὴν

---

[1] XLVIII, 8 "If he merely drove out (individual) evil spirits."

78 *Christ neither merely man, nor magician, nor spirit.*

παρὰ ποιηταῖς ὑπόνοιαν καὶ δαιμόνων φαντασίαν καὶ Ἑλλήνων σοφίαν τῇ ἑαυτοῦ θεότητι κατήργησε, καὶ ἐπεσκίασε· φανερὸν ἂν εἴη καὶ παρὰ πᾶσιν ὁμολογηθήσεται, ὅτι οὗτος ἀληθῶς Θεοῦ Υἱός ἐστι, Λόγος καὶ Σοφία, καὶ Δύναμις τοῦ Πατρὸς ὑπάρχων. διὰ τοῦτο γὰρ οὐδὲ ἀνθρώπινά ἐστιν αὐτοῦ τὰ ἔργα, ἀλλ᾽ ὑπὲρ ἄνθρωπον. καὶ Θεοῦ τῷ ὄντι γινώσκεται ταῦτα, καὶ ἀπ᾽ αὐτῶν τῶν φαινομένων, καὶ ἀπὸ τῆς πρὸς ἀνθρώπους συγκρίσεως.

XLIX. Τίς γὰρ τῶν πώποτε γενομένων ἀνθρώπων, ἐκ παρθένου μόνης ἑαυτῷ συνεστήσατο σῶμα; ἢ τίς πώποτε ἀνθρώπων τοιαύτας νόσους ἐθεράπευσεν, οἵας ὁ κοινὸς πάντων Κύριος; τίς δὲ τὸ τῇ γενέσει ἐλλεῖπον ἀποδέδωκε, καὶ ἐκ γενετῆς τυφλὸν ἐποίησε βλέπειν; 2. Ἀσκληπιὸς ἐθεοποιήθη παρ᾽ αὐτοῖς, ὅτι τὴν ἰατρικὴν ἤσκησε, καὶ βοτάνας πρὸς τὰ πάσχοντα τῶν σωμάτων ἐπενόει, οὐκ αὐτὸς ταύτας πλάττων ἀπὸ γῆς, ἀλλὰ τῇ ἐκ φύσεως ἐπιστήμῃ ταύτας ἐφευρίσκων· τί δὲ πρὸς τὸ ὑπὸ τοῦ Σωτῆρος γενόμενον, ὅτι οὐ τραῦμα ἐθεράπευσεν, ἀλλὰ γένεσιν ἔπλασε[1] καὶ ἀποκατέστησε τὸ σῶμα; 3 Ἡρακλῆς ὡς θεὸς προςκυνεῖται παρ᾽ Ἕλλησιν, ὅτι πρὸς ἴσους ἀνθρώπους ἀντεμαχέσατο, καὶ θηρία δόλοις ἀνεῖλε. τί πρὸς τὰ ὑπὸ τοῦ Λόγου γενόμενα, ὅτι νόσους καὶ δαίμονας, καὶ τὸν θάνατον αὐτὸν ἀπήλαυνε τῶν ἀνθρώπων; Διόνυσος θρησκεύεται παρ᾽ αὐτοῖς, ὅτι μέθης γέγονε διδάσ-

---

[1] XLIX, 2 γένεσιν ἔπλασε "Partum formavit" Bened, understanding the words, apparently, of the Virginal Birth More probably it means the same as § 1, τὸ τῇ γενέσει ἐλλεῖπον ἀποδέδωκε—" moulded that which a man had lacked from his birth," "created in him a fresh faculty", for the idea, see above, chap xviii, 4

καλὸς τοῖς ἀνθρώποις ὁ δὲ Σωτὴρ τῷ ὄντι καὶ Κύριος τοῦ παντὸς, σωφροσύνην διδάξας, χλευάζεται παρ' ἐκείνων. 4 Ἀλλ' ἔστω ταῦτα. Τί καὶ πρὸς τὰ ἕτερα θαύματα τῆς θεότητος αὐτοῦ; τίνος ἀποθνήσκοντος ἀνθρώπου, ὁ μὲν ἥλιος ἐσκοτίσθη, ἡ δὲ γῆ ἐσείετο; ἰδοὺ μέχρι νῦν ἀποθνήσκουσιν ἄνθρωποι, καὶ ἀπέθανον ἔτι ἄνωθεν· πότε τὶ τοιοῦτον ἐπ' αὐτοῖς γέγονε θαῦμα; 5. Ἤ, ἵνα τὰς διὰ τοῦ σώματος αὐτοῦ πράξεις παραλιπῶ, καὶ τὰς μετὰ τὴν ἀνάστασιν τοῦ σώματος αὐτοῦ μνημονεύσω· τίνος πώποτε τῶν γενομένων ἀνθρώπων ἡ διδασκαλία, ἀπὸ περάτων ἕως περάτων γῆς μία καὶ ἡ αὐτὴ δι' ὅλων ἴσχυσεν, ὥστε διὰ πάσης γῆς τὸ σέβας αὐτοῦ διαπτῆναι; 6. Ἤ διὰ τί, εἴπερ ἄνθρωπός ἐστιν ὁ Χριστὸς καὶ οὐ Θεὸς Λόγος κατ' αὐτοὺς, οὐ κωλύεται ὑπὸ τῶν παρ' αὐτοῖς θεῶν, εἰς τὴν αὐτὴν χώραν, ἔνθα εἰσὶ, τὸ τούτου σέβας διαβῆναι; ἀλλὰ μᾶλλον αὐτὸς ὁ Λόγος ἐπιδημῶν, τῇ διδασκαλίᾳ ἑαυτοῦ τὴν ἐκείνων θρησκείαν παύει, καὶ τὴν φαντασίαν αὐτῶν καταισχύνει;

L. Πολλοὶ πρὸ τούτου γεγόνασι βασιλεῖς καὶ τύραννοι γῆς, πολλοὶ παρὰ Χαλδαίοις ἱστοροῦνται καὶ παρ' Αἰγυπτίοις καὶ Ἰνδοῖς γενόμενοι σοφοὶ καὶ μάγοι· τίς τούτων ποτὲ, οὐ λέγω μετὰ θάνατον, ἀλλὰ καὶ ἔτι ζῶν ἠδυνήθη τοσοῦτον ἰσχῦσαι, ὥστε τὴν σύμπασαν αὐτὸν γῆν πληρῶσαι τῆς αὑτοῦ διδασκαλίας, καὶ τοσοῦτον πλῆθος παιδεῦσαι ἀπὸ τῆς τῶν εἰδώλων δεισιδαιμονίας, ὅσους ὁ ἡμέτερος Σωτὴρ εἰς ἑαυτὸν ἀπὸ τῶν εἰδώλων μετήνεγκεν; 2. Ἑλλήνων οἱ φιλόσοφοι μετὰ πιθανότητος καὶ τέχνης λόγων πολλὰ συνέγραψαν· τί οὖν τοσοῦτον ὅσον ὁ τοῦ Χριστοῦ σταυρὸς ἐπεδείξαντο; ἄχρι γὰρ τελευτῆς αὐτῶν τὰ παρ' αὐτῶν σοφίσματα τὸ πιθανὸν ἔσχεν· ἀλλὰ καὶ ὃ ἔδοξαν ζῶντες ἰσχύειν ἐν ἀλλήλοις ἔσχεν τὴν ἅμιλλαν, καὶ κατ' ἀλλήλων μελετῶντες ἐφιλονείκουν. 3. Ὁ δὲ τοῦ Θεοῦ Λόγος, τὸ παραδοξότατον, πτωχοτέραις ταῖς λέξεσι διδάξας, τοὺς πάνυ σοφιστὰς ἐπεσκίασε, καὶ τὰς μὲν ἐκείνων διδασκαλίας κατήργησε, πάντας ἕλκων πρὸς ἑαυτὸν, τὰς δὲ ἑαυτοῦ ἐκκλησίας πεπλήρωκε· καὶ τό γε θαυμαστὸν, ὅτι ὡς ἄνθρωπος εἰς τὸν θάνατον καταβὰς, τὴν τῶν σοφῶν μεγαλοφωνίαν περὶ εἰδώλων κατήργησεν. 4. Τίνος γὰρ ποτε θάνατος ἀπήλασε δαίμονας, ἢ τίνος ποτὲ θάνατον ἐφοβήθησαν δαίμονες ὡς τοῦ Χριστοῦ; ἔνθα γὰρ ὀνομάζεται τὸ ὄνομα τοῦ Σωτῆρος, ἐκεῖθεν πᾶς δαίμων ἀπελαύνεται· τίς δὲ οὕτω τὰ ψυχικὰ πάθη περιεῖλε τῶν ἀνθρώπων, ὥστε τοὺς μὲν πόρνους σωφρονεῖν, τοὺς δὲ ἀνδροφόνους μηκέτι ξίφους κρατεῖν, τοὺς δὲ δειλίᾳ προκατεχομένους ἀνδρίζεσθαι; 5. Καὶ ὅλως, τίς τοὺς παρὰ βαρβάροις καὶ τοὺς[1] κατὰ τόπον τῶν ἐθνῶν ἔπεισεν ἀνθρώπους, ἀποθέσθαι μὲν τὴν μανίαν, εἰρήνην δὲ φρονεῖν, εἰ μὴ ἡ τοῦ Χριστοῦ πίστις, καὶ τὸ τοῦ σταυροῦ σημεῖον; τίς δὲ ἄλλος περὶ ἀθανασίας οὕτως ἐπιστώσατο τοὺς ἀνθρώπους, ὡς ὁ τοῦ Χριστοῦ σταυρὸς, καὶ ἡ τοῦ σώματος ἀνάστασις αὐτοῦ; 6 Καίπερ γὰρ τὰ πάντα ψευσάμενοι Ἕλληνες, ὅμως οὐκ ἠδυνήθησαν ἀνάστασιν τῶν ἑαυτῶν εἰδώλων πλάσασθαι, οὐκ ἐνθυμούμενοι τὸ σύνολον, εἰ ὅλως δυνατὸν μετὰ θάνατον εἶναι πάλιν τὸ σῶμα· ἐφ' ᾧ καὶ μάλιστα ἄν τις αὐτοὺς ἀποδέξηται, ὅτι τοιαῦτα λογισάμενοι, τὴν μὴν ἀσθένειαν τῆς ἑαυτῶν εἰδωλολατρίας ἤλεγξαν,

---

[1] L 5 τοὺς—ἀνθρώπους. "The men of the (different) nations in divers places". (κατὰ τόπον, in the same sense as above, xi, 6).

The unparalleled influence of Christ. 81

τὸ δὲ δυνατὸν τῷ Χριστῷ παρεχώρησαν, ἵνα καὶ ἐκ τούτου γνωρισθῇ παρὰ πᾶσι τοῦ Θεοῦ Υἱός

LI. Τίς οὖν ἀνθρώπων μετὰ θάνατον ἢ ἄλλως ζῶν περὶ παρθενίας ἐδίδαξε, καὶ οὐκ ἀδύνατον εἶναι τὴν ἀρετὴν ταύτην ἐν ἀνθρώποις ; ἀλλ' ὁ ἡμέτερος Σωτὴρ καὶ τῶν πάντων Βασιλεὺς Χριστὸς τοσοῦτον ἴσχυεν ἐν τῇ περὶ ταύτης διδασκαλίᾳ, ὡς καὶ παιδία μήπω τῆς νομίμης ἡλικίας ἐπιβάντα τὴν ὑπὲρ τὸν νόμον ἐπαγγέλλεσθαι παρθενίαν 2. Τίς πώποτε ἀνθρώπων ἠδυνήθη διαβῆναι τοσοῦτον, καὶ εἰς Σκύθας, καὶ Αἰθίοπας, ἢ Πέρσας, ἢ Ἀρμενίους, ἢ Γόθους, ἢ τοὺς ἐπέκεινα τοῦ Ὠκεανοῦ λεγομένους, ἢ τοὺς ὑπὲρ Ὑρκανίαν ὄντας, ἢ ὅλως τοὺς Αἰγυπτίους καὶ Χαλδαίους παρελθεῖν, τοὺς φρονοῦντας μὲν μαγικά, δεισιδαίμονας δὲ ὑπὲρ τὴν φύσιν καὶ ἀγρίους τοῖς τρόποις, καὶ ὅλως κηρύξαι περὶ ἀρετῆς καὶ σωφροσύνης καὶ κατὰ τῆς[1] εἰδώλων θρησκείας, ὡς ὁ τῶν πάντων Κύριος, ἡ τοῦ Θεοῦ Δύναμις, ὁ Κύριος ἡμῶν Ἰησοῦς Χριστός ; 3 Ὃς οὐ μόνον ἐκήρυξε διὰ τῶν ἑαυτοῦ μαθητῶν, ἀλλὰ καὶ ἔπεισεν αὐτοὺς κατὰ διάνοιαν, τὴν μὲν τῶν τρόπων ἀγριότητα μεταθέσθαι, μηκέτι δὲ τοὺς πατρῴους σέβειν θεούς, ἀλλ' αὐτὸν ἐπιγινώσκειν, καὶ δι' αὐτοῦ τὸν Πατέρα θρησκεύειν 4 Πάλαι μὲν γὰρ εἰδωλολατροῦντες, Ἕλληνες καὶ βάρβαροι κατ' ἀλλήλων ἐπολέμουν, καὶ ὠμοὶ πρὸς τοὺς συγγενεῖς ἐτύγχανον οὐκ ἦν γάρ τινα τὸ σύνολον οὔτε τὴν γῆν οὔτε τὴν θάλασσαν διαβῆναι χωρὶς τοῦ τὴν χεῖρα ξίφεσιν ὁπλίσαι, ἕνεκα τῆς πρὸς ἀλλήλους ἀκαταλλάκτου μάχης. 5. Καὶ γὰρ καὶ ἡ πᾶσα τοῦ ζῆν

[1] § 2 Bened , τῆς κατὰ. The restored order is due to Marriott

αὐτοῖς διαγωγὴ δι' ὅπλων ἐγίνετο, καὶ ξίφος ἦν αὐτοῖς ἀντὶ βακτηρίας, καὶ παντὸς βοηθήματος ἔρεισμα· καίτοι, ὡς προεῖπον, εἰδώλοις ἐλάτρευον, καὶ δαίμοσιν ἔσπενδον θυσίας, καὶ ὅμως οὐδὲν ἐκ τῆς εἰδώλων δεισιδαιμονίας ἠδυνήθησαν οἱ τοιαῦτα φρονοῦντες μεταπαιδευθῆναι 6. Ὅτε δὲ εἰς τὴν τοῦ Χριστοῦ διδασκαλίαν μεταβεβήκασι, τότε δὴ παραδόξως ὡς τῷ ὄντι κατὰ διάνοιαν κατανυγέντες, τὴν μὲν ὠμότητα τῶν φόνων ἀπέθεντο, καὶ οὐκ ἔτι πολέμια φρονοῦσι πάντα δὲ αὑτοῖς εἰρηναῖα, καὶ τὰ πρὸς φιλίαν καταθύμια λοιπόν ἐστι

LII. Τίς οὖν ὁ ταῦτα ποιήσας, ἢ τίς ὁ τοὺς μισοῦντας ἀλλήλους εἰς εἰρήνην συνάψας, εἰ μὴ ὁ ἀγαπητὸς τοῦ Πατρὸς Υἱὸς, ὁ κοινὸς πάντων Σωτὴρ Ἰησοῦς Χριστὸς, ὃς τῇ ἑαυτοῦ ἀγάπῃ πάντα ὑπὲρ τῆς ἡμῶν σωτηρίας ὑπέστη; καὶ γὰρ καὶ ἄνωθεν ἦν προφητευόμενον περὶ τῆς παρ' αὐτοῦ πρυτανευομένης εἰρήνης, λεγούσης τῆς γραφῆς· " Συγκόψουσι τὰς μα- " χαίρας αὐτῶν εἰς ἄροτρα, καὶ τὰς ζιβύνας αὐτῶν εἰς " δρέπανα, καὶ οὐ λήψεται ἔθνος ἐπ' ἔθνος μάχαιραν, "καὶ οὐ μὴ μάθωσιν ἔτι πολεμεῖν." 2. Καὶ οὐκ ἄπιστόν γε τὸ τοιοῦτον, ὅπου καὶ νῦν οἱ τὸ ἄγριον τῶν τρόπων βάρβαροι ἔμφυτον ἔχοντες, ἔτι μὲν θύοντες ⟨τοῖς⟩ παρ' αὑτοῖς εἰδώλοις, μαίνονται κατ' ἀλλήλων, καὶ χωρὶς ξιφῶν οὐδεμίαν ὥραν ἀνέχονται μένειν 3 Ὅτε δὲ τῆς τοῦ Χριστοῦ διδασκαλίας ἀκούουσιν, εὐθέως ἀντὶ μὲν πολέμων, εἰς γεωργίαν τρέπονται· ἀντὶ δὲ τοῦ ξίφεσι τὰς χεῖρας ὁπλίζειν, εἰς εὐχὰς ἐκτείνουσι. καὶ ὅλως, ἀντὶ τοῦ πολεμεῖν πρὸς ἑαυτοὺς, λοιπὸν κατὰ διαβόλου καὶ κατὰ δαιμόνων ὁπλίζονται, σωφροσύνῃ καὶ ψυχῆς ἀρετῇ τούτους καταπολεμοῦν-

The decisive conquest achieved by Him.

τες. 4 Τοῦτο δὲ τῆς μὲν θειότητος τοῦ Σωτῆρός ἐστι γνώρισμα· ὅτι ὃ μὴ δεδύνηνται[1] ἐν εἰδώλοις μαθεῖν οἱ ἄνθρωποι, τοῦτο παρ' αὐτοῦ μεμαθήκασι· τῆς δὲ δαιμόνων καὶ εἰδώλων ἀσθενείας καὶ οὐθενείας ἔλεγχος οὐκ ὀλίγος ἐστὶν οὗτος. εἰδότες γὰρ ἑαυτῶν δαίμονες τὴν ἀσθένειαν, διὰ τοῦτο συνέβαλον πάλαι τοὺς ἀνθρώπους καθ' ἑαυτῶν πολεμεῖν, ἵνα μὴ παυσάμενοι τῆς κατ' ἀλλήλων ἔριδος, εἰς τὴν κατὰ δαιμόνων μάχην ἐπιστρέψωσιν. 5. Ἀμέλει μὴ πολεμοῦντες πρὸς ἑαυτοὺς οἱ Χριστῷ μαθητευόμενοι, κατὰ δαιμόνων τοῖς τρόποις καὶ ταῖς κατ' ἀρετὴν πράξεσιν ἀντιπαρατάσσονται, καὶ τούτους μὲν διώκουσι, τὸν δὲ τούτων ἀρχηγὸν Διάβολον καταπαίζουσιν, ὥστε ἐν νεότητι μὲν σωφρονεῖν, ἐν πειρασμοῖς δὲ ὑπομένειν, ἐν πόνοις δὲ καρτερεῖν, καὶ ὑβριζομένους μὲν ἀνέχεσθαι, ἀποστερουμένους δὲ καταφρονεῖν· καὶ τό γε θαυμαστὸν, ὅτι καὶ θανάτου καταφρονοῦσι, καὶ γίνονται μάρτυρες Χριστοῦ.

LIII Καὶ ἵνα ἐν ᾧ καὶ πάνυ θαυμαστόν ἐστι γνώρισμα τῆς θειότητος τοῦ Σωτῆρος εἴπω· τίς πώποτε ἄνθρωπος ἁπλῶς ἢ μάγος, ἢ τύραννος, ἢ βασιλεὺς, ἐφ' ἑαυτοῦ τοσούτοις ἠδυνήθη συμβαλεῖν, καὶ καθ' ὅλης τῆς εἰδωλολατρίας καὶ πάσης δαιμονικῆς στρατιᾶς, καὶ πάσης μαγείας, καὶ πάσης σοφίας Ἑλλήνων, τοσοῦτον ἰσχυόντων καὶ ἔτι ἀκμαζόντων καὶ ἐκπληττόντων πάντας, ἀντιμάχεσθαι, καὶ μιᾷ ῥοπῇ κατὰ πάντων ἀντιστῆναι, ὡς ὁ ἡμέτερος Κύριος, ὁ τοῦ Θεοῦ ἀληθὴς Λόγος, ὃς ἀοράτως ἑκάστου τὴν

[1] § 4 St. Aug, Civ D, IV, xvi, commenting on the fact that the temple of "Repose" (Quies) at Rome was not within the city walls, suggests, "qui illam turbam colere perseveraret non plane deorum, sed daemoniorum, eum Quietem habere non posse"

πλάνην ἐλέγχων, μόνος παρὰ πάντων τοὺς πάντας ἀνθρώπους σκυλεύει, ὥστε τοὺς μὲν τὰ εἴδωλα προσκυνοῦντας, λοιπὸν αὐτὰ καταπατεῖν· τοὺς δὲ μαγείαις θαυμασθέντας, τὰς βίβλους κατακαίειν· τοὺς δὲ σοφοὺς, τὴν τῶν Εὐαγγελίων προκρίνειν πάντων ἑρμηνείαν. 2 Οὓς μὲν γὰρ προσεκύνουν, τούτους καταλιμπάνουσιν· ὃν δὲ ἐχλεύαζον ἐσταυρωμένον, τοῦτον προσκυνοῦσι Χριστὸν, Θεὸν αὐτὸν ὁμολογοῦντες. καὶ οἱ μὲν παρ' αὐτοῖς λεγόμενοι θεοὶ τῷ σημείῳ τοῦ σταυροῦ διώκονται· ὁ δὲ σταυρωθεὶς Σωτὴρ ἐν πάσῃ τῇ οἰκουμένῃ Θεὸς ἀναγορεύεται καὶ Θεοῦ Υἱός. καὶ οἱ μὲν παρ' Ἕλλησι προσκυνούμενοι θεοὶ, ὡς αἰσχροὶ διαβάλλονται παρ' αὐτῶν· οἱ δὲ τὴν Χριστοῦ λαμβάνοντες διδασκαλίαν, σωφρονέστερον ἐκείνων ἔχουσι τὸν βίον. 3. Ταῦτα οὖν, καὶ τὰ τοιαῦτα, εἰ μὲν ἀνθρώπινά ἐστι, δεικνύτω τις ὁ βουλόμενος καὶ τῶν προτέρων τοιαῦτα, καὶ πειθέτω· εἰ δὲ μὴ ἀνθρώπων ἀλλὰ Θεοῦ ἔργα ταῦτα φαίνεται καὶ εἴσι, διὰ τί τοσοῦτον ἀσεβοῦσιν οἱ ἄπιστοι, μὴ ἐπιγινώσκοντες τὸν ταῦτ' ἐργασάμενον Δεσπότην; 4. Ὅμοιον γὰρ πάσχουσιν, ὡς εἴ τις ἐκ τῶν ἔργων τῆς κτίσεως μὴ γινώσκοι τὸν τούτων δημιουργὸν Θεόν. εἰ γὰρ ἐκ τῆς εἰς τὰ ὅλα αὐτοῦ δυνάμεως ἐγίνωσκον αὐτοῦ τὴν θεότητα, ἔγνωσαν ἂν ὅτι καὶ τὰ διὰ τοῦ σώματος ἔργα τοῦ Χριστοῦ, οὐκ ἀνθρώπινα, ἀλλὰ τοῦ πάντων Σωτῆρός ἐστι τοῦ Θεοῦ Λόγου. γινώσκοντες δὲ οὕτω, καθάπερ εἶπεν ὁ Παῦλος, "οὐκ ἂν τὸν Κύριον τῆς δόξης ἐσταύρωσαν."

LIV. Ὥσπερ οὖν εἴ τις ἀόρατον ὄντα τῇ φύσει τὸν Θεὸν καὶ μηδόλως ὁρώμενον ἐθέλοι ὁρᾶν, ἐκ τῶν ἔργων αὐτὸν γινώσκει καὶ καταλαμβάνει· οὕτως ὁ μὴ ὁρῶν τῇ διανοίᾳ τὸν Χριστὸν, κἂν ἐκ τῶν ἔργων τοῦ

Christ took our Nature that we might receive His own

σώματος καταλαμβανέτω τοῦτον καὶ δοκιμαζέτω εἰ ἀνθρώπινά ἐστιν ἢ Θεοῦ· 2 Καὶ ἐὰν μὲν ἀνθρώπινα ᾖ, χλευαζέτω· εἰ δὲ μὴ ἀνθρώπινά ἐστιν ἀλλὰ Θεοῦ, γινωσκέτω, καὶ μὴ γελάτω τὰ ἀχλεύαστα· ἀλλὰ μᾶλλον θαυμαζέτω, ὅτι διὰ τοιούτου πράγματος εὐτελοῦς, τὰ θεῖα ἡμῖν πεφανέρωται, καὶ διὰ τοῦ θανάτου ἡ ἀθανασία "εἰς πάντας ἔφθασε," καὶ διὰ τῆς ἐνανθρωπήσεως τοῦ Λόγου ἡ τῶν πάντων ἐγνώσθη πρόνοια, καὶ ὁ ταύτης χορηγὸς καὶ δημιουργὸς αὐτὸς ὁ τοῦ Θεοῦ Λόγος. 3. Αὐτὸς γὰρ ἐνηνθρώπησεν, ἵνα ἡμεῖς[1] θεοποιηθῶμεν· καὶ αὐτὸς ἐφανέρωσεν ἑαυτὸν διὰ σώματος, ἵνα ἡμεῖς τοῦ ἀοράτου Πατρὸς ἔννοιαν λάβωμεν· καὶ αὐτὸς ὑπέμεινε τὴν παρ' ἀνθρώπων ὕβριν, ἵνα ἡμεῖς ἀθανασίαν κληρονομήσωμεν. ἐβλάπτετο μὲν γὰρ αὐτὸς οὐδέν, ἀπαθὴς, καὶ ἄφθαρτος καὶ αὐτολόγος ὢν καὶ Θεός· τοὺς δὲ πάσχοντας ἀνθρώπους, δι' οὓς καὶ ταῦτα ὑπέμεινεν, ἐν τῇ ἑαυτοῦ ἀπαθείᾳ ἐτήρει καὶ διέσωζε. 4 Καὶ ὅλως τὰ κατορθώματα τοῦ Σωτῆρος τὰ διὰ τῆς ἐνανθρωπήσεως αὐτοῦ γενόμενα, τοιαῦτα καὶ τοσαῦτά ἐστιν, ἃ εἰ διηγήσασθαί τις ἐθελήσειεν, ἔοικεν τοῖς ἀφορῶσιν εἰς τὸ πέλαγος τῆς θαλάσσης, καὶ θέλουσιν ἀριθμεῖν τὰ κύματα αὐτῆς. ὡς γὰρ οὐ δύναται τοῖς ὀφθαλμοῖς περιλαβεῖν τὰ ὅλα κύματα, τῶν ἐπερχομένων παριόντων τὴν αἴσθησιν τοῦ πειράζοντος· οὕτω καὶ τῷ βουλομένῳ πάντα τὰ ἐν σώματι τοῦ Χριστοῦ κατορθώματα περιλαβεῖν, ἀδύνατον τὰ ὅλα κἂν τῷ λογισμῷ δέξασθαι, πλειόνων ὄντων τῶν παριόντων αὐτοῦ τὴν ἐνθύμησιν, ὧν αὐτὸς νομίζει περιειληφέναι. 5. Κάλλιον οὖν μὴ[2] πρὸς τὰ

---

[1] § 3   Cf 2 Pet 1, 4 ; Eph v, 30–32
[2] "Not to aim at speaking of the whole, when one cannot fully express even a part."

ὅλα ἀφορῶντα λέγειν, ὧν οὐδὲ μέρος ἐξειπεῖν τις δύναται, ἀλλ' ἔτι ἑνὸς μνησθῆναι καὶ σοὶ καταλιπεῖν τὰ ὅλα θαυμάζειν. πάντα γὰρ ἐπίσης ἔχει τὸ θαῦμα, καὶ ὅποι δ' ἄν τις ἀποβλέψῃ, ἐκεῖθεν τοῦ Λόγου τὴν θειότητα βλέπων ὑπερεκπλήττεται.

LV. Τοῦτο οὖν μετὰ τὰ προειρημένα καταμαθεῖν σε ἄξιόν ἐστιν καὶ ὡς ἀρχὴν τῶν ἤδη λεχθέντων θέσθαι, καὶ θαυμάσαι λίαν, ὅτι τοῦ Σωτῆρος ἐπιδημήσαντος, οὐκ ἔτι μὲν ηὔξησεν ἡ εἰδωλολατρία, καὶ ἡ οὖσα δὲ ἐλαττοῦται, καὶ κατ' ὀλίγον παύεται καὶ οὐκ ἔτι μὲν ἡ Ἑλλήνων σοφία προκόπτει, καὶ ἡ οὖσα δὲ λοιπὸν ἀφανίζεται· καὶ δαίμονες μὲν οὐκ ἔτι φαντασίαις καὶ μαντείαις καὶ μαγείαις ἀπατῶσι, μόνον δὲ τολμῶντες καὶ ἐπιχειροῦντες καταισχύνονται τῷ σημείῳ τοῦ σταυροῦ. 2. Καὶ συλλήβδην εἰπεῖν, θεώρει πῶς ἡ μὲν τοῦ Σωτῆρος διδασκαλία πανταχοῦ αὔξει· πᾶσα δὲ εἰδωλολατρία καὶ πάντα τὰ ἐναντιούμενα τῇ Χριστοῦ πίστει καθ' ἡμέραν ἐλαττοῦται καὶ ἐξασθενεῖ καὶ πίπτει. οὕτω δὲ θεωρῶν προσκύνει μὲν τὸν ἐπὶ πάντων Σωτῆρα καὶ δυνατὸν Θεὸν Λόγον· καταγίνωσκε δὲ τῶν ἐλαττουμένων καὶ ἀφανιζομένων ὑπ' αὐτοῦ. 3. Ὡς γὰρ ἡλίου παρόντος οὐκ ἔτι τὸ σκότος ἰσχύει, ἀλλὰ καὶ εἴ που ἐστὶ περιλειπόμενον ἀπελαύνεται· οὕτως ἐλθούσης τῆς θείας ἐπιφανείας τοῦ Θεοῦ Λόγου, οὐκ ἔτι μὲν ἰσχύει τὸ τῶν εἰδώλων σκότος, πάντα δὲ τὰ πανταχοῦ τῆς οἰκουμένης μέρη τῇ τούτου διδασκαλίᾳ καταλάμπεται. 4. Καὶ ὥσπερ βασιλεύοντός τινος καὶ μὴ φαινομένου ἔν τινι χώρᾳ, ἀλλ' ἔνδον ὄντος ἐν τῷ ἑαυτοῦ οἴκῳ, πολλάκις τινὲς ἄτακτοι καταχρώμενοι τῇ τούτου ἀναχωρήσει ἑαυτοὺς ἀναγορεύουσι, καὶ ἕκαστος κατασχηματισάμενος τοὺς ἀκεραίους φαν-

Practical Conclusion.

τασιοσκοπεῖ ὡς βασιλεύς, καὶ οὕτω πλανῶνται οἱ ἄνθρωποι τῷ ὀνόματι, ἀκούοντες μὲν εἶναι βασιλέα, οὐχ ὁρῶντες δὲ αὐτὸν, διὰ τὸ μάλιστα μηδὲ δύνασθαι αὐτοὺς ἔσω τοῦ οἴκου χωρῆσαι. ἐπειδὰν δὲ ὁ ἀληθῶς βασιλεὺς προέλθῃ καὶ φανῇ, τότε οἱ μὲν ἀπατῶντες ἄτακτοι ἐλέγχονται τῇ τούτου παρουσίᾳ, οἱ δὲ ἄνθρωποι ὁρῶντες τὸν ἀληθῶς βασιλέα, καταλιμπάνουσι τοὺς πάλαι πλανῶντας αὐτούς· 5. Οὕτω καὶ πάλαι μὲν ἠπάτων οἱ δαίμονες τοὺς ἀνθρώπους, Θεοῦ τιμὴν ἑαυτοῖς περιτιθέντες ὅτε δὲ ἐφάνη ὁ τοῦ Θεοῦ Λόγος ἐν σώματι, καὶ ἐγνώρισεν ἡμῖν τὸν ἑαυτοῦ Πατέρα τότε δὴ ἡ μὲν τῶν δαιμόνων ἀπάτη ἀφανίζεται καὶ παύεται· οἱ δὲ ἄνθρωποι ἀφορῶντες εἰς τὸν ἀληθινὸν τοῦ Πατρὸς Θεὸν Λόγον, καταλιμπάνουσι τὰ εἴδωλα, καὶ λοιπὸν ἐπιγινώσκουσι τὸν ἀληθινὸν Θεόν. 6. Τοῦτο δὲ γνώρισμα τοῦ εἶναι τὸν Χριστὸν Θεὸν Λόγον καὶ Θεοῦ δύναμίν ἐστι. τῶν γὰρ ἀνθρωπίνων παυομένων, καὶ μένοντος τοῦ ῥήματος τοῦ Χριστοῦ, δῆλόν ἐστι παρὰ πᾶσι, τὰ μὲν παυόμενα εἶναι πρόσκαιρα, τὸν δὲ μένοντα εἶναι Θεὸν καὶ Θεοῦ Υἱὸν ἀληθινὸν μονογενῆ Λόγον.

LVI Ταῦτα μέν σοι παρ' ἡμῶν δι' ὀλίγων, ὅσον πρὸς στοιχείωσιν καὶ χαρακτῆρα τῆς κατὰ Χριστὸν πίστεως καὶ τῆς θείας αὐτοῦ πρὸς ἡμᾶς ἐπιφανείας ἀνατεθείσθω, ὦ φιλόχριστε ἄνθρωπε. σὺ δὲ τὴν πρόφασιν ἐκ τούτων λαβὼν, εἰ ἐντυγχάνοις τοῖς τῶν γραφῶν γράμμασι, γνησίως αὐτοῖς ἐφιστάνων τὸν νοῦν, γνώσῃ παρ' αὐτῶν τὰ λεγόμενα,[1] τελειότερον μὲν καὶ τρανότερον τῶν λεχθέντων τὴν ἀκρίβειαν. 2. Ἐκεῖναι μὲν γὰρ διὰ θεολόγων ἀνδρῶν παρὰ Θεοῦ

[1] τὰ λεγόμ omitted in some MSS.

ἐλαλήθησαν καὶ ἐγράφησαν· ἡμεῖς δὲ παρὰ τῶν αὐταῖς ἐντυγχανόντων θεοπνεύστων διδασκάλων, οἳ καὶ μάρτυρες τῆς Χριστοῦ θεότητος γεγόνασι, μαθόντες μεταδίδομεν καὶ τῇ σῇ φιλομαθείᾳ. 3. Γνώσῃ δὲ καὶ τὴν δευτέραν αὐτοῦ πάλιν πρὸς ἡμᾶς ἔνδοξον καὶ θείαν ἀληθῶς ἐπιφάνειαν, ὅτε οὐκ ἔτι μετ' εὐτελείας, ἀλλ' ἐν τῇ ἰδίᾳ δόξῃ· ὅτε οὐκ ἔτι μετὰ ταπεινότητος, ἀλλ' ἐν τῇ ἰδίᾳ μεγαλειότητι· ὅτε οὐκ ἔτι παθεῖν, ἀλλὰ λοιπὸν τοῦ ἰδίου σταυροῦ τὸν καρπὸν ἀποδοῦναι πᾶσιν ἔρχεται· φημὶ δὴ τὴν ἀνάστασιν καὶ τὴν ἀφθαρσίαν· καὶ οὐκ ἔτι μὲν κρίνεται, κρίνει δὲ τοὺς πάντας, πρὸς ἃ ἕκαστος ἔπραξε διὰ τοῦ σώματος, εἴτε ἀγαθὰ, εἴτε φαῦλα· ἔνθα τοῖς μὲν ἀγαθοῖς ἀπόκειται βασιλεία οὐρανῶν, τοῖς δὲ φαῦλα πράξασι, πῦρ αἰώνιον καὶ σκότος ἐξώτερον. 4. Οὕτω γὰρ καὶ αὐτὸς ὁ Κύριός φησι· "λέγω ὑμῖν, ἀπ' ἄρτι ὄψεσθε τὸν υἱὸν τοῦ "ἀνθρώπου καθήμενον ἐκ δεξιῶν τῆς δυνάμεως, καὶ "ἐρχόμενον ἐπὶ τῶν νεφελῶν τοῦ οὐρανοῦ, ἐν τῇ δόξῃ "τοῦ Πατρός." 5. Διὸ δὴ καὶ σωτήριός ἐστι λόγος εὐτρεπίζων ἡμᾶς εἰς ἐκείνην τὴν ἡμέραν καὶ λέγων· "γίνεσθε ἕτοιμοι καὶ γρηγορεῖτε, ὅτι ᾗ ὥρᾳ οὐκ οἴδατε "ἔρχεται." κατὰ γὰρ τὸν μακάριον Παῦλον, "τοὺς "πάντας ἡμᾶς παραστῆναι δεῖ ἔμπροσθεν τοῦ βήματος "τοῦ Χριστοῦ, ἵνα κομίσηται ἕκαστος, πρὸς ἃ διὰ τοῦ "σώματος ἔπραξεν, εἴτε ἀγαθὸν, εἴτε φαῦλον."

LVII. Ἀλλὰ πρὸς τὴν ἐκ τῶν γραφῶν ἔρευναν καὶ γνῶσιν ἀληθῆ, χρεία βίου καλοῦ καὶ ψυχῆς καθαρᾶς καὶ τῆς κατὰ Χριστὸν ἀρετῆς, ἵνα δι' αὐτῆς ὁδεύσας ὁ νοῦς, τυχεῖν ὧν ὀρέγεται καὶ καταλαβεῖν δυνηθῇ, καθ' ὅσον ἐφικτόν ἐστι τῇ ἀνθρώπων φύσει περὶ τοῦ Θεοῦ Λόγου μανθάνειν. 2. Ἄνευ γὰρ καθαρᾶς διανοίας,

Practical Conclusion.

καὶ τῆς πρὸς τοὺς ἁγίους τοῦ βίου μιμήσεως, οὐκ ἄν τις καταλαβεῖν δυνηθείη τοὺς τῶν ἁγίων λόγους 3. Ὥσπερ γὰρ εἴ τις ἐθελήσειεν ἰδεῖν τὸ τοῦ ἡλίου φῶς, πάντως τὸν ὀφθαλμὸν ἀποσμήχει καὶ λαμπρύνει, σχεδὸν ὅμοιον τῷ ποθουμένῳ ἑαυτὸν διακαθαίρων, ἵνα οὕτω φῶς γενόμενος ὁ ὀφθαλμὸς, τοῦ ἡλίου φῶς ἴδῃ, ἢ ὡς εἴ τις θελήσειεν ἰδεῖν πόλιν ἢ χώραν, πάντως ἐπὶ τὸν τόπον ἀφικνεῖται τῆς θέας ἕνεκεν· οὕτως ὁ θέλων τῶν θεολόγων τὴν διάνοιαν καταλαβεῖν, προαπονίψαι καὶ προαποπλῦναι τῷ βίῳ τὴν ψυχὴν ὀφείλει, καὶ πρὸς αὐτοὺς τοὺς ἁγίους ἀφικέσθαι τῇ ὁμοιότητι τῶν πράξεων αὐτῶν, ἵνα σὺν αὐτοῖς τῇ ἀγωγῇ τῆς συζήσεως γενόμενος, καὶ τὰ [1] αὐτοῖς ἀποκαλυφθέντα παρὰ Θεοῦ κατανοήσῃ, καὶ λοιπὸν ὡς ἐκείνοις συναφθεὶς, ἐκφύγῃ μὲν τὸν τῶν ἁμαρτωλῶν κίνδυνον καὶ τὸ τούτων πῦρ ἐν τῇ ἡμέρᾳ τῆς κρίσεως, ἀπολάβῃ δὲ τὰ τοῖς ἁγίοις ἀποκείμενα ἐν τῇ τῶν οὐρανῶν βασιλείᾳ, "ἃ ὀφ- "θαλμὸς οὐκ εἶδεν, οὐδὲ οὖς ἤκουσεν, οὐδὲ ἐπὶ καρδίαν "ἀνθρώπου ἀνέβη," ὅσα ἡτοίμασται τοῖς κατ᾽ ἀρετὴν βιοῦσι, καὶ ἀγαπῶσι τὸν Θεὸν καὶ Πατέρα, ἐν Χριστῷ Ἰησοῦ τῷ Κυρίῳ ἡμῶν, δι᾽ οὗ καὶ μεθ᾽ οὗ αὐτῷ τῷ Πατρὶ σὺν αὐτῷ Υἱῷ ἐν ἁγίῳ Πνεύματι, τιμὴ καὶ κράτος καὶ δόξα εἰς τοὺς αἰῶνας τῶν αἰώνων. Ἀμήν

[1] Bened τὰ καὶ

"SIT FINIS LIBRI, SED NON FINIS QUÆRENDI"

www.ingramcontent.com/pod-product-compliance
Lightning Source LLC
Chambersburg PA
CBHW071154090426
42736CB00012B/2330